„Allen Gewalten zum Trotz sich erhalten":
Über die gesellschaftliche Rolle
des Reichsbanners Schwarz-Rot-Gold im
Wandel der Zeit und ihren heutigen Beitrag für
das Geschichtsbewusstsein und die
politische Kultur in der Bundesrepublik

„Allen Gewalten zum Trotz sich erhalten":

Über die gesellschaftliche Rolle

des Reichsbanners Schwarz-Rot-Gold im

Wandel der Zeit und ihren heutigen Beitrag für

das Geschichtsbewusstsein und die

politische Kultur in der Bundesrepublik

Nicolas Schmorleitz

Umschlagabbildung: Hans Klaer-Gordon: Plakat mit Aufruf zur
Wahl republikanischer Parteien in den Reichstag, RB 6232
(um 2024) © Gedenkstätte Deutscher Widerstand, Berlin

Bibliografische Information der Deutschen Nationalbibliothek:
Die Deutsche Nationalbibliothek verzeichnet diese Publikation in
der Deutschen Nationalbibliografie; detaillierte bibliografische
Daten sind im Internet über http://dnb.dnb.de abrufbar.

Verlag: BoD · Books on Demand GmbH, In de Tarpen 42,
22848 Norderstedt, bod@bod.de

Druck: Libri Plureos GmbH, Friedensallee 273, 22763 Hamburg

ISBN: 978-3-7693-0609-5

VORWORT

Symbole sind Verstärker; kräftigen Einheit, wenn sie da ist, vertiefen Spaltungen, wo sie sich auftun. Nicht anders, auch heute, die deutschen Nationalfarben. Während großer Sportturniere findet man sie überall; Schwarz-Rot-Gold im Stadion, am Autofenster, in der Firmenkantine, im Biergarten. Die Nation einig vor den Fernsehschirmen; Einheit im Anfeuern, Mitfiebern, Mitleiden. Wenig Einigkeit dagegen, wenn die Farben bei Protesten mitgeführt werden, am Traktor auf Sternfahrt, bei Montagsdemos da und dort. Das „Wir", für das die Fahnen stehen, ist dann viel schmaler, segmentierter; möchte für die Nation sprechen, ohne mehr als ein kleiner Teil davon zu sein; vereinnahmt und trennt so mehr, als zu verbinden.

Immerhin: *Dass* die deutschen Bundesfarben Schwarz-Rot-Gold sein sollen, reicht heutzutage als politischer Konsens ungefähr von Habeck bis Höcke; ernsthafte Flaggenopposition, bis auf wenige Versprengte, findet sich nicht. Das war einmal sehr anders; die Farbenwahl einst Frage der Weltanschauung. Trotz einer langen Vorgeschichte, von den Lützower Jägern über das Hambacher Schloss und die Paulskirche, amtlich zur Nationalflagge wurde diese Trikolore erst mit Beginn der Weimarer Republik 1918/19. Die Republik, aus Kriegsniederlage und Revolution hervorgegangen, stützte sich im politischen Spektrum vorwiegend auf die linke Mitte. Die Kommunisten weiter draußen wünschten sich eine zweite, viel weitergehende Revolution und hissten ihre eigene, die rote Fahne; auch Konservative und Deutschnationale opponierten gegen die neue demokratische Staatsform, wünschten sich anderes, die Monarchie oder den Führerstaat oder eine Mischung aus beidem, behielten als Symbol die schwarz-weiß-roten Farben, erst in gewohnter, am Ende in ganz neuer Anordnung.

Rund um die Farben entstand so regelmäßig Streit. Eine Episode, stellvertretend für viele. Im Frühjahr 1925 übernahm ein neuer Beamter das Berliner Polizeipräsidium, der DDP-Politiker Ferdinand Friedensburg, zuvor Landrat tief im preußischen Osten und in der Auseinandersetzung mit republikskeptischen Kräften wohltrainiert. Just in diese Zeit fiel der Tod des Reichspräsidenten Friedrich Ebert, die Neuwahl brachte im ersten Wahlgang kein klares Ergebnis, und für den zweiten nominierten die schwarz-weiß-rot gesinnten Parteien den alten kaiserlichen Feldmarschall Paul von Hindenburg. Polizeipräsident Friedensburg hatte für einen friedlichen Ablauf des hitzigen Wahlkampfs zu sorgen. Er berichtet in seinen Erinnerungen. „Nun zeigten die Rechtsverbände, insbesondere Stahlhelm und Völkische, daß sie Straßenagitation zu treiben vermochten. Hauptschauplatz ihrer lärmenden Kundgebungen war der Platz an der Kaiser-Wilhelm-Gedächtniskirche, wo das Café Wilhelma mit schmetternder Militärmusik den Anhängern einen damals stark benutzten Sammelpunkt bot. Als die Straßenparaden überhandnahmen, veranstaltete das Reichsbanner Schwarz-Rot-Gold Gegenkundgebungen, bei denen es zu heftigen Auseinandersetzungen kam. Insbesondere waren die schwarzrotgoldenen Fahnen und Abzeichen begehrte Beuteobjekte der Rechtsdemonstranten. Ich sah mir die Tumulte von den Stufen der Kirche an, stellte mit Bedauern fest, daß die Schutzpolizei gegenüber den Stahlhelmern viel zu zaghaft vorging und versetzte dabei kurzerhand die zwei hauptverantwortlichen Polizeioffiziere auf weniger wichtige Posten. (…) Daß ich meine Entscheidung gar mit der Feststellung begründete, es sei besonders unerwünscht, wenn der jedem Bürger zustehende polizeiliche Schutz gerade den verfassungsmäßigen

Farben nicht zuteil würde, führte zu leidenschaftlichen Vorwürfen der Parteilichkeit."[1]

Schwarz-Rot-Gold in diesen Zeiten war Appell an republikanische Gemeinsamkeit ebenso wie bewusste Parteinahme, und zwischen diesen Polen changierte auch das „Reichsbanner", das sich als Organisation diesen Namen gab. Nachdem Hindenburg die Wahl knapp gewonnen hatte und allerlei Feiern zu Ehren des neuen Reichspräsidenten anstanden, hielt sich das „Reichsbanner" übrigens fern und zeigte die republikanischen Farben nicht. Keineswegs zur Zufriedenheit Friedensburgs, der Reichsbannerführer Otto Hörsing im Berliner Tageblatt unter dem Titel „Schwarzrotgoldene Staatspolitik" öffentlich anderes geraten hatte. „Die Gefahren für uns alle und unsere Zukunft", schrieb Friedensburg dort, „werden am größten, wenn der neue Reichspräsident (...) von den lebendigen Kräften der Republik isoliert und dadurch verführt wird, im Bekenntnis zur Verfassung nur die Förmlichkeit zu sehen."[2] Abwägungsfragen, die sich öfter stellen, wenn symbolisch spaltet, was eigentlich einen soll.

Von besagtem Reichsbanner Schwarz-Rot-Gold handelt die nachstehende Arbeit; hauptsächlich dem historischen, ein wenig auch dem gegenwärtigen, das als Traditions- und Bildungsverein fortbesteht. Zu Zeiten der Weimarer Republik war das „Reichsbanner" eine politische Großorganisation, deren Geschichte Autor Schmorleitz hier erzählt – die Gründungsmotivation in der gefährdeten, von Revolution und Gegenrevolution, Unruhen und Aufständen gezeichneten jungen Republik;

---

[1] Ferdinand Friedensburg: Lebenserinnerungen. Frankfurt 1969. S. 145
[2] zit. n. ebd. S. 147f

die ideelle Basis, die Kameradschaft unter früheren Frontsoldaten, den staatstreuen Verhaltenskodex; den politischen Charakter als republikanischer Schutzverband, über eine Partei hinausgehend, aber keineswegs neutral; Auseinandersetzungen mit den Verbänden der Gegenseite, Rotfrontkämpfern, Stahlhelm, SA; Wirkungsmöglichkeiten, Grenzen und strategische Richtungsdiskussionen, ähnlich der oben geschilderten zwischen dem Sozialdemokraten Hörsing und dem Liberaldemokraten Friedensburg.

Wir haben diese Arbeit mit dem Ferdinand-Friedensburg-Preis unserer Stiftung ausgezeichnet, nicht bloß der historisch-persönlichen Nähe und Verbundenheit wegen, sondern weil sie auf exzellentem akademischen Niveau eine Geschichte von hoher Aktualität erzählt, da in unseren Tagen die Frage wehrhafter Demokratie, von Einheit und Spaltung, erneut virulent geworden ist, stärker als in Jahrzehnten zuvor. Die Frage stellt sich wohl anders als in Weimar, aber sie stellt sich; Vergleiche, auch wo sie Unterschiede zeigen, sind lehrreich und gewinnbringend. Wir wünschen der Arbeit viele Leser, sei es aus historischem Interesse, sei es aktueller Bezüge wegen. Die Lektüre lohnt.

Christian Roth

Vorsitzender Ferdinand Friedensburg Stiftung e. V.

Gründau, im November 2024

Persönlich am Herzen liegt mir die Würdigung derjenigen Mitwirkenden, die an der Entstehung und an dem erfolgreichen Abschluss dieser Masterarbeit, welche Rolle ihnen auch zukam, beteiligt waren. Mein erster Dank geht an die Ferdinand-Friedensburg-Stiftung, die diese Arbeit ausgezeichnet und ihr über die Fachtagung im Herbst 2024 hinaus breiten Raum und Aufmerksamkeit gewidmet hat, was am Vorwort von Herrn Christian Roth deutlich wird.

Auf die dankbare Mithilfe vieler geschätzter Personen war im Gesamtprozess der Arbeitsentstehung Verlass. Geholfen haben mir mein guter Freund und Mitstudent Florian Weck, der mich inhaltlich und fachlich in meiner Entwicklung im Verlauf des Masterstudiums sehr geprägt hat. Prof. Tilman Mayer hat mir als mein Betreuer alle Freiheiten gelassen und war zur Stelle, wenn ich in irgendeiner Art Hilfe gebraucht habe. Julia Reuschenbach hat mir durch ihre Lehre und ihren wissenschaftlichen Fokus geholfen, den Mut zu haben, praxisbezogene Vermittlungsarbeit in meine Arbeit zu integrieren. Hinzukommt Olaf Guercke, an dessen Abschlussarbeit ich mich bei der interdisziplinären Konzeption orientiert habe. Sebastian Elsbach hat mir durch seine Dissertation eine vortreffliche Grundlage geschaffen, auf der ich Grundidee, Aufbau und Gesamtstruktur der Arbeit vordenken konnte. Zu Dank verpflichtet bin neben der Gedenkstätte Deutscher Widerstand ebenfalls der Friedrich-Ebert-Stiftung und dem Archiv der Sozialen Demokratie für die zuverlässige Quellenversorgung und die unkomplizierte Arbeitsatmosphäre, die ich für viele Wochen, gar ein paar Monate genoss. Für den dafür nötigen Erstkontakt bedanke ich mich bei der Lehrbeauftragten meiner Alma Mater, Ursula Bitzegeio, die mir von sich aus ihre Hilfe anbot.

Ausdrücklich möchte ich darüber hinaus meinen engen Freunden Maximilian Kösters und Tim Keller persönlich für ihre Bereitschaft danken, trotz eigener Aufgaben und Termine meine lange Arbeit aufmerksam Korrektur zu lesen und sich so auch ausführlich mit meinem Thema zu befassen. Abschließend spreche ich einen besonders herzlichen Dank an meine Eltern und meine weitere Familie aus, deren Positivität und beherzte Unterstützung ich trotz individueller Stressfaktoren seit Anbeginn meines Studiums durchgehend gespürt habe. Insbesondere im Arbeitsprozess der Masterarbeit hat dies geholfen und sehr gut getan.

Bonn, im November 2024

Nicolas Schmorleitz

INHALT

1. Einleitendes

> *„Regierungen kommen und gehen. (...) Nach Hitler kommen wir! Es werden wieder die deutschen Republikaner sein, die einen Scherbenhaufen aufräumen müssen. Auf diesen Tag richten wir uns ein.“*[3]

Dieses Zitat entstammt einer Rede Karl Höltermanns, dem zweiten und seinerzeit letzten Bundesvorsitzenden des *„Reichsbanner Schwarz-Rot-Gold“*, einem überparteilichen Republikschutzverband, der in der Weimarer Republik ins Leben gerufen wurde. Mit diesen Worten wandte sich Höltermann im Februar 1933 während der letzten Bundesgeneralversammlung vor der Selbstauflösung des Reichsbanners und in Erwartung der Zerschlagung von Demokratie und Republik öffentlich demonstrativ gegen den Konformitätszwang der Nationalsozialisten. Adressaten waren seine Mitstreiter, bei denen Höltermann, in Zeiten des blutigsten Terrors der SA, Zweckoptimismus für die Zeit nach Hitler wecken wollte. Generell drohte Reichsbannerleuten die Verfolgung, sodass sich manche vor Internierung oder Ermordung schützten, indem sie ins Exil gingen. Personen, die wie Paul Löbe, Theodor Heuss, Kurt Schumacher, Willy Dehnkamp, Erich Ollenhauer, Ernst Lemmer oder Thomas Dehler, die Jahre des Dritten Reiches zu überstehen vermochten, setzten ihre politische Laufbahn in der späteren Bundesrepublik fort.

Die vorliegende Arbeit trägt den Titel *„Allen Gewalten zum Trotz sich erhalten*: Über die gesellschaftliche Rolle des

---

[3] ***Schneider, Michael***: Debatte um den Generalstreik 1933, Hans-Böckler-Stiftung, abgerufen am 28.12.2021.

Reichsbanners Schwarz-Rot-Gold im Wandel der Zeit und ihren heutigen Beitrag für das Geschichtsbewusstsein und die politische Kultur in der Bundesrepublik".

Die Motivation, sich gerade mit diesem Verband auseinanderzusetzen, speist sich neben einem starken persönlichen Interesse an der Weimarer Republik, aus dem Aspekt der Diskrepanz, dass trotz der bekannten und erforschten inneren Instabilität und gesellschaftlichen Zerrissenheit der ersten deutschen Republik, die organisierten, zeitweise verbündeten demokratischen Gegenkräfte zu beiden extremistischen Antipoden vergleichsweise wenig Beachtung finden. Dies gilt für die Forschung, für die historisch-politische Bildungsarbeit und für die Erinnerungskultur in Deutschland. Wichtiges Anliegen dieser Arbeit ist daher, zu erörtern, ob die Republik nicht doch wehrhafter war, als in der öffentlichen Wahrnehmung und im Geschichtsbewusstsein vieler Menschen ablesbar ist.

Das Reichsbanner gründete sich 1924, gegen Ende der Bewährungsphase der Republik und einer lang anhaltenden Spirale politisch motivierter Gewalt, die ein Symptom innenpolitischer Destabilisierung und gesellschaftlicher teils tiefsitzender, fanatischer Gegnerschaft zur Republik war. Unter ihrem ersten Vorsitzenden Otto Hörsing, einem Sozialdemokraten, entwickelte sich der Verband zur Massenorganisation. Unter den Mitgliedern dominierten die Sozialdemokraten deutlich, da das Reichsbanner im Arbeiter- und Gewerkschaftsmilieu verwurzelt war. Die innenpolitische Bedrohungslage lässt sich an den Ermordungen führender republikanischer Politiker festmachen, denen 1921 der Zentrumsdemokrat Matthias Erzberger und 1922 der Reichsaußenminister Walter Rathenau von der liberal-fortschrittlichen Deutschen Demokratischen Partei, zum Opfer fielen. Die Hauptbeweggründe für die Gründung deckten sich mit dem übergeordneten Ziel, den Erhalt der Republik, der demokratischen Staatsform und der Weimarer Verfassung gegen jene Gegner zu sichern, die all dies abschaffen wollten. Seine Kerndisziplin war der physische Schutz republikanischer Politiker und Staatsvertreter, aber auch das Ermöglichen des ungestörten Ablaufs staatlich-politischer oder sonstiger öffentlicher Veranstaltungen. An dem überparteilichen Zusammenschluss wirkten zunächst nur Veteranen, kurz später Politiker der Sozialdemokratie, der DDP und der Zentrumspartei mit. Neben der ausgeprägten demokratischen Zivilkultur, der dezidiert republikanisch gedeuteten Kriegserinnerung und idealler Orientierung an die 1848er-Revolution, behielt man aufgrund der Identifikation mit der Sozialisierung militärische Umgangsformen bei. In scharfer Abgrenzung setzte sich das Reichsbanner demgegenüber gegen nationalistische Prägungen, Ideale und Verklärungen durch den preußischen Militarismus und gegen den Antisemitismus zur Wehr.

Aus heutiger Perspektive möchte man Höltermann angesichts des Wortlauts seiner Rede fast schon eine prophetische Vorahnung auf die Ereignisse, die nach der Machtübertragung an die Nationalsozialisten und deren Niedergang folgten, bescheinigen. Nach der totalen Niederlage 1945, der sich eine langandauernde Besatzung anschloss, begleiteten die alliierten Mächte die Demokratisierung Westdeutschlands und haben damit einen substantiellen Anteil an der Entstehung einer in vielen Jahren gewachsenen republikanischen politischen Kultur. Höltermann in dessen Vorausschau recht zu geben, bietet genug Raum für den Anlass, sich mit der republikanischen politischen Kultur der ersten deutschen Republik und ihrer Ausprägung in Politik, Gesellschaft, Behörden und Medien wissenschaftlich auseinanderzusetzten. Das Reichsbanner eignet sich als historischer Gegenstand für das Vorhaben besonders. Denn die als Veteranenverband republikanisch gesinnter Kriegsteilnehmer gegründete Institution, steht für mehr als die typischen, viel zitierten Weimarer Verhältnisse. Sie hebt sich ab von dem Bild, das in der deutschen Öffentlichkeit und der Geschichtswissenschaft lange gezeichnet wurde und sich bis heute hält. Als milieuübergreifendes Massenbündnis vermittelt das Reichsbanner bei näherer Einarbeitung einen Eindruck von dem tatsächlichen Reservoir an demokratisch-republikanischen Überzeugungen in der von Krieg, Gewalt, sozialem Abstieg und Existenzverlust geplagten Nachkriegsgesellschaft. Es hält sich die gängige Behauptung, es habe in der *„Republik von Weimar"* genug Demokraten gegeben, um sie zu schaffen, aber es seien zu wenige bereit gewesen, sie zu verteidigen. Unter Einbezug der Wirkungsgeschichte des Reichsbanners ist es an der Zeit, diese These wissenschaftlich zu hinterfragen.

Für die vorliegende Untersuchung ist es daher unerlässlich, den ersten thematischen Schwerpunkt, der die Organisationsstruktur, die gesellschaftliche Stellung, den täglichen Einsatz, die Herausforderungen, die Kontroversen, die Schwachpunkte, innere Konflikte und das Scheitern des Reichsbanners umfasst, um einen zweiten Schwerpunkt zu ergänzen. Im Oktober 1953 gründete sich der Verband in Bremen neu. Den heutigen Namen *„Reichsbanner Schwarz-Rot-Gold - Bund aktiver Demokraten e.V."* trägt er seit 1968. Dem Erbe des alten Verbandes fühlte man sich von Beginn an verpflichtet, sodass man sich in Anbetracht des stabilen Zustands der Bonner Republik neuen Aufgaben widmete. Im Vordergrund steht seither die demokratische Traditionspflege, die politisch-historische Bildungsarbeit und der verantwortungsvolle Umgang mit dem Erbe des Vorgängerverbandes. Hinzu kommt das Bestreben, einen Beitrag zur Vertiefung der gegenwärtigen republikanischen Erinnerungskultur zu leisten. Zwischen beiden Verbänden besteht, so gesehen, der fundamentale Unterschied, dass das neue Reichsbanner heutzutage in deutlicher Abgrenzung von seinem historischen Vorgänger als ehrenamtlicher Verband im Bereich der außerschulischen Bildungsarbeit agiert. Es finden Kooperationen mit Institutionen aus der Wissenschaft und Forschung statt, etwa im Ausstellungswesen mit der Gedenkstätte Deutscher Widerstand, deren Sitz das historische Gebäude am Bendlerblock ist. Auf zivilkultureller Ebene knüpft das Reichsbanner mit der Vermittlung demokratischer Wertvorstellungen unter Einbezug des eigenen institutionsgeschichtlichen Kontextes an Ziele, Arbeitsinhalte und republikanischen Ideale des historischen Vorgängerverbandes an.

Das methodische Vorgehen wird im Folgenden anhand der Vorstellung der Gliederung und der konkreten Arbeitsschritte erläutert. Um Lesenden den Überblick über den strukturellen Aufbau der Arbeit zu vereinfachen, ist sie, wie die Gliederung ausweist, in zwei Themenkomplexe unterteilt, von denen der erste den Republikschutzverband zur Zeit der Weimarer Republik betrifft. Vorher wird es ein knapp gehaltenes Einführungskapitel geben, in dem Grundlegendes zur Politischen Kultur der Weimarer Republik herausgearbeitet wird. Dieser thematische Einstieg eignet sich, um Lesenden das Verständnis gesamtgesellschaftlicher Zusammenhänge der damaligen Zeit zu erleichtern. Aus dem Einführungskapitel lassen sich zu einem späteren Zeitpunkt dann Schlüsse für den weiteren Argumentationsgang ziehen, die für die Beantwortung der zentralen Fragestellungen und Thesen der Untersuchung von Bedeutung sein können. Für die Ergebnisfindung kann dies nur von Vorteil sein. Nun zum ersten Themenkomplex: Eine Einteilung in drei Kapitel bietet sich an, da es sich um drei eigene Arbeitsschritte handelt, deren Ergebnisse zum Ende des Themenblocks in einem kurzen Fazit präsentiert werden sollen. In diesen Kapiteln geht es darum, den Sammlungs- und Findungsprozess sowie die Gründung und das Selbstverständnis der Republikschutzorganisation darzustellen. Der Organisationsstruktur aber auch verbandsinterner Mechanismen, d. h. der Erörterung der Frage, wie das Reichsbanner von innen heraus funktionierte, wird nachgegangen. Im Zentrum steht zudem die Rolle, die der Verband innerhalb der Gesamtgesellschaft einnahm und wie er in die Gesellschaft hineinwirkte. Wie war der Verband vernetzt, welchen Einfluss auf Politik und Behörden übte er aus, um den innenpolitischen Zustand der Republik zu verbessern? Gemessen daran wird auch analysiert, inwiefern das Reichsbanner mit seinem Erfolg oder Misserfolg für die Wehrhaftigkeit der Republik steht. Weiterhin werden im zweiten Kapitel des ersten Themenkomplexes die sozialen, gesellschaftlichen Milieus im Hinblick auf ihre Repräsentanz im Reichsbanner untersucht. Die Haltung zu Minderheiten, zum Pazifismus und die Unterstützung von Arbeiterschaft und Bürgertum interessiert genauso wie der Rückhalt des Reichsbanners bei konfessionellen Gruppen, bei ethnischen Minderheiten, bei Frauen und bei der Jugend. Die Frage des milieuübergreifenden Rückhalts des Reichsbanners ist auch nicht ohne Bedeutung für die weitere Untersuchung. Die politische Auseinandersetzung des Reichsbanners mit den extremistischen Kräften im Behördenwesen, in der Presse und auf der Straße mithilfe der eigens dafür aufgestellten Schutzformationen, sind zentrale Themen im dritten Kapitel.

Der zweite Themenkomplex setzt sich in seinem ersten Kapitel mit den Grundlagen der historisch-politischen Bildung, mit Grundbegriffen und -zusammenhängen aus dem Bereich der didaktischen Geschichtsvermittlung auseinander. Die Frage, wie die historisch-politische Bildungsarbeit in Deutschland bisher interpretiert und umgesetzt wurde, steht dabei im Vordergrund. Das gilt auch für die Frage, welche Zugänge zum Verständnis und zur Vermittlung geschichtlich-politischer Zusammenhänge die Geschichtspolitik und die Erinnerungskultur als ideelle, ritualisierte und künstlerische Rezeptionsformen schaffen. In einem zweiten Kapitel richtet sich der Fokus verstärkt auf die Arbeit und die Bedeutung des neu gegründeten Reichsbanners als Vermittlungsträger und Bildungsinstitution. Untersucht werden das Konzept der Vermittlungsarbeit und das Selbstbild des wiedergegründeten Reichsbanners als Bildungsinstitution. Was sagt beides über das Reichsbanner als Bildungsinstitution aus? Ein Überblick über einzelne Formate und die Kooperationsdichte bietet die Chance, das Reichsbanner mit anderen Bildungsinstitutionen oder Gedenkstätten zu vergleichen. Von großem Interesse ist die Frage, inwiefern das historische Reichsbanner bisher geringere Berücksichtigung in der Vermittlungsarbeit staatlich geförderter und öffentlicher Bildungsprojekte fand. Die Sichtbarkeit des Reichsbanners in Lehre und Forschung hat nachhaltigen Einfluss auf den historischen Kenntnisstand junger wie älterer Menschen über den Veteranenverband. Zu erörtern wird sein, wie das Reichsbanner im Verhältnis zur Weimarer Republik, einer ganzen Periode deutscher Zeitgeschichte, in der öffentlichen Wahrnehmung repräsentiert ist? Im Wissen um die Leistung der in einem republikanischen Massenbündnis konzentrierten demokratisch-republikanischen Zivilkultur unter den bekannten damaligen gesellschaftlichen Gegebenheiten, ist die Rolle, die der heutige Verband in der historisch-politischen Bildungsarbeit einnimmt, von besonderer Relevanz. Die Frage der Stellung des neuen Reichsbanners innerhalb des Kreises historisch-politischer Bildungsinstitutionen bildet den Abschluss des zweiten Themenblocks. Ist eine Nischenfunktion des heutigen Verbandes zwischen anderen Vermittlungsinstitutionen aufgrund seines historischen Erbes denkbar? Daran schließt sich noch die zentrale Fragestellung an, welcher *Gesellschaftsauftrag* dem Verband dementsprechend zukommt. Die *Erwartungen*, die aus den inhaltlichen Ansprüchen, aus den gesellschafts- und bildungspolitischen Zielsetzungen und aus der Arbeit erwachsen können, sind für die Ergebnisfindung ebenso bedeutsam. Nützt ihm das Erbe als ehemaliger Republikschutzverband, um mehr als die bisherigen Kompetenzbereiche abzudecken? Dem schließt sich ein Ausblick an, der dafür genutzt wird, die Ergebnisse der Untersuchung dahingehend zu interpretieren, wie eine optimierte Rolle des Reichsbanners in der historisch-politischen Bildungsarbeit heute aussehen kann.

Insgesamt wäre es wünschenswert den aktuellen Stand der Forschung auszubauen. Dies erscheint aber wohl nur begrenzt möglich. Die Geschichte des Reichsbanners und der Sozialisierung seines Milieus ist zwar gut dokumentiert und herausgearbeitet worden. *Sebastian Elsbach* hat dabei bedeutsame Forschungslücken geschlossen. Wichtige Primärquellen wie z. B. Mitgliederlisten sind allerdings wohl auch aus Eigenschutz vor nationalsozialistischer Verfolgung vernichtet worden. Die Friedrich-Ebert-Stiftung wartet dennoch mit genügend Quellenmaterial auf, wovon der Quellenbestand zum Reichsbanner und die Nachlässe der Bundesvorsitzenden Hörsing und Höltermann sowie anderer Mitglieder den zentralen Quellenteil für die vorliegende Untersuchung ausmachen. Zu Rate gezogen wurden darüber hinaus das zentrale und wichtigste Standardwerk zur Reichsbannergeschichte von *Elsbach*, die erste umfassende 1966 erschienene Monographie von *Karl Rohe* und zwei Arbeiten von *Benjamin Ziemann*, alles wertvolle kompakte Darstellungen zum Republikschutzverband. Auf regionale Studien wird nur in Einzelfällen zurückgegriffen. Die verbliebenen Literaturtitel betreffen die politische Kultur, die Gesellschaftsgeschichte und das Arbeitermilieu in der Weimarer Republik, bewegen sich also, die Werke zur historisch-politischen Bildungsarbeit ausgenommen, in Gänze im thematischen Kosmos der Weimarer Republik.

2. Zur politischen Kultur in der Weimarer Republik

Die Zwischenkriegszeit dauerte etwa einundzwanzig Jahre, beginnend mit dem im November 1918 unterschriebenen Waffenstillstand und endend mit dem Einmarsch der Wehrmacht in Polen im September 1939. Die erste deutsche Demokratie war nach der Aushebelung der Verfassung und dem Umbau des Staates in ein totalitäres Regime ab 1933 faktisch nicht mehr existent. Setzt man sich also mit der politischen Kultur in der Weimarer Republik auseinander, so kann dies nur mit einer wohlüberlegten Schwerpunktsetzung gelingen. Es kommt darauf an, ob man ihren gesellschaftlichen Zustand und ihre politische Kultur angesichts des Themas der Arbeit angemessen abbilden kann, wenn man ihre Verfasstheit und Existenz nur auf ihre historische Zeitspanne reduziert. Die Weimarer Republik nur als Nachkriegs- oder als Vorkriegsperiode, kurz gesagt, als Übergangsperiode zu behandeln, liegt aufgrund der Chronologie der Ereignisse im 20. Jahrhundert nahe. Gerecht wird dies der Weimarer

Demokratie nicht. Bisherige Ansätze, ihren Gesamtzustand und den politischen Erwartungshorizont einer damals nicht sehr demokratieaffinen Gesellschaft zu rekonstruieren, führten zu einem deutlichen Befund: Gesellschaft und politische Kultur in der Weimarer Republik eint der ambivalente und vielschichtige Charakter der Vergangenheits- und Zukunftsdeutung.[4] Fokussiert man sich auf die Deutung sich vollziehender sozialer Umbrüche und denkt zeitgenössische, milieubezogene Mentalitätsweisen mit, so lässt sich die Lebenswirklichkeit der Bürger noch am ehesten nachvollziehen.

Über *soziologische Nachwirkungen* des Ersten Weltkriegs ist viel publiziert worden. Die politische Gewalt auf den Straßen, die kriegsbedingte Brutalisierung von Veteranen und die Radikalisierung politisierter Heranwachsender durch die Gesamtsituation sind bekannt.[5] Auftretende gesellschaftliche, kulturelle und mentale Interpretationsmuster der Niederlage und der Revolution ließen Menschen mit unterschiedlichen oft antirepublikanischen Deutungsweisen an das Versprechen einer besseren Moderne glauben.

---

[4] ***Büttner, Ursula****: Ausgeforscht? Die Weimarer Republik als Gegenstand historischer Forschung, in: Aus Politik und Zeitgeschichte (18-20/2018), abgerufen am 03.12.2021.
[5] ***Gerwarth, Robert***: Fighting the Red Beast: Counter – Revolutionary Violence in the Defeated States of Central Europe, in: War in peace: Paramilitary violence in Europe after the Great War, Oxford 2012, S. 52-72, hier 59 f.; ***Ders.***: Die Besiegten. Das blutige Erbe des Ersten Weltkrieges, München 2018, S. 158 f.; ***Sheehan, James J.***: Kontinent der Gewalt. Europas langer Weg zum Frieden, München 2008, S. 121 u. 126.

Das Fazit *Kurt Sontheimers* zur Destabilisierung durch den reaktionären Modernismus ist knappgehalten:

> *„Auf der Übereinstimmung in den Grundprinzipien der verfassungsmäßigen Ordnung des Staatslebens ruht die Funktionsfähigkeit der Demokratie. Wo dieser Konsensus nicht erreicht wird, kann eine freiheitliche Demokratie nicht gedeihen."*[6]

Der Modernitätsglaube, ob republikanisch, reaktionär, radikalsozialistisch oder kommunistisch begründet, spiegelte sich in der Militarisierung der Öffentlichkeit, der Fragmentierung politischer Lager und der Absolutheit der Sprache wieder.[7] Das, was die politische Kultur durchgehend prägte, war der Absolutheitsanspruch sich fundamental unterscheidender, rivalisierender Vorstellungen über die politische Zukunft Deutschlands. Der perspektivische Blick auf die Vergangenheit und die gemachten Erfahrungen prägte somit den Blick auf die Gegenwart, förderte die Verfestigung von Weltbildern und beeinflusste das politische Denken lager- sowie milieuübergreifend. Diesen Bedingungen zum Trotz stattete die wählende Bevölkerung die Parteien der sogenannten Weimarer Koalition bei der Wahl zur Nationalversammlung mit einem überwältigenden Votum aus, das es ihr erlaubte, ohne große Hindernisse durch die Opposition, zu regieren. Doch waren nach den revolutionären Ereignissen in Berlin und in anderen Reichsstädten weiter die Unruhen im Innern das deutlichste Symptom der ge-

---

[6] **Sontheimer, Kurt**: Antidemokratisches Denken in der Weimarer Republik. Die politischen Ideen des deutschen Nationalismus zwischen 1918 und 1933, München 1994, S. 13.
[7] **Büttner**, Ausgeforscht? Die Weimarer Republik, abgerufen am 02.01.2022.

sellschaftlichen Zerrissenheit, mithilfe derer die extremen Ränder des Parteienspektrums die politische Tagesordnung beherrschten. Physische Übergriffe, Verleumdung, Verratsvorhaltungen, soziales Elend, Hass, Verbitterung und Fanatismus waren tägliche Begleiter der Menschen. *Philipp Blom* zitiert den die Berliner Straßen beobachtenden Maler George Grosz mit den Worten:

> *‚An allen Ecken standen Redner. Überall erschollen Haßgesänge‘ (...) ‚Alle wurden gehasst: Die Juden, die Kapitalisten, die Junker, die Kommunisten, das Militär, die Hausbesitzer, die Arbeiter, die Arbeitslosen, die Schwarze Reichswehr, Kontrollkommissionen, die Politiker, die Warenhäuser und nochmals die Juden. Es war eine Orgie der Verhetzung, und die Republik war schwach, kaum wahrnehmbar. Das musste mit einem furchtbaren Krach enden (...).‘*[8]

Für den im öffentlichen Raum allgegenwärtigen Hass fungierte die Republik, die den Platz des alten, paternalistischen Kaiserreiches einnahm, als Katalysator. Die repräsentative Demokratie hatte selbst in der Mitte der Gesellschaft, allen voran aber an den politischen Rändern ein erhebliches Legitimitätsdefizit. Mit Hermann Müller bekam die Republik 1920 bereits ihren dritten und mit Constantin Fehrenbach ihren vierten Reichskanzler, was neben der katastrophalen Finanz- und Wirtschaftslage und der Reparationspolitik auch verstärkt auf die innere Destabilisierung zurückzuführen ist.[9]

---

[8] **Blom, Philipp:** Die zerrissenen Jahre 1918-1938, München 2014, S. 100.
[9] **Mai, Gunther:** Die Weimarer Republik, München 2009, S. 37 ff.

Die unterschiedlichen Generationen der Gesellschaft hatten mehrere Umbruchsphasen durchlebt, die sich je nach individueller Erfahrungswelt und biographischer Lebensgeschichte von Milieu zu Milieu stark unterschieden. Nach der Revolution und der institutionellen Demokratisierung des Reiches, gelang es nicht, eine politisierte Gesellschaft für den Weg der inneren Demokratisierung zu gewinnen. Die Heterogenität politischen Denkens und ihre in vielfacher Hinsicht moderne Radikalität, standen, dies zeigen die Neugründung extremistischer Parteien und die Neuorganisation des Parteiensystems, in Konkurrenz zur demokratischen Staatsform und zur Verfassung.[10]

Das Ergebnis der Reichstagswahl im Juni 1920 stellt auch im Hinblick auf den noch frischen Eindruck des Kapp-Lüttwitz-Putsches und des Märzaufstandes eine einschneidende Zäsur dar und spiegelt die Kräfteverhältnisse, die Lagerkämpfe und besonders auch die politische Kultur wieder. Die Unabhängige Sozialdemokratische Partei Deutschlands, kurz USPD, konnte ihren Stimmanteil um zehn Prozentpunkte auf 17,9 steigern und die Kommunistische Partei Deutschlands, kurz KPD, nahm erstmals an einer Wahl auf Reichsebene teil. Nicht nur im sozialistischen Lager, sondern auch im bürgerlichen Spektrum fand eine Wählerwanderung statt. Die reaktionäre DNVP, die sich mit dem Stahlhelmbund ihres politischen Armes auf der Straße sicher sein konnte, legte deutlich zu und verbesserte sich von zehn auf fünfzehn Prozentpunkte, während die DDP regelrecht einbrach. In einem Jahr schrumpfte sie von achtzehn auf acht Prozent. Die DVP, die von der Weimarer Koalition als

---

[10] *Llanque, Marcus*: Massendemokratie zwischen Kaiserreich und westlicher Demokratie, in: *Gusy, Christoph*: Demokratisches Denken in der Weimarer Republik, Baden-Baden 2000, S. 40.

politisch rückwärtsgewandt verschmäht worden war, war als Oppositionspartei weitestgehend verschont geblieben und stieg von vier Prozent kommend auf dreizehn Prozentpunkte. Es war eine klare Stimmenverschiebung an den linken und rechten Rändern festzustellen, die unweigerlich als Vertrauensverlust, wenn nicht sogar als Abstrafung der Weimarer Koalition zu werten war. Dem Staatsstreich in Berlin durch Wolfgang Kapp und Walther von Lüttwitz versagten die Mehrheit der Arbeiter ihre Unterstützung. Durch einen Generalstreik brachten sie die Regierungsgewalt der Putschisten, die bereits repräsentative Gebäude besetzt und die Flucht der Regierung veranlasst hatten, zum Erliegen. Für die Niederschlagung des Märzaufstands, der sich von Mitteldeutschland bis ins Ruhrgebiet ausgeweitet hatte, benötigte es der Hilfe der Reichswehr. Die Freikorps, deren vordergründiges selbsterklärtes Motiv die Abwehr bolschewistischer Kräfte war, wurden entsandt, obwohl der Wehrverband bereits zum politischen Stachel im Fleisch der Reichsregierung und ihrer Parteien geworden war.[11] Die innere Ordnung und der Fortbestand der Republik war mehr denn je gefährdet und stützte sich paradoxerweise auf die Zusammenarbeit der Reichsregierung mit der Reichswehr. Dass eine SPD-geführte Regierung sich der Mittel der Reichswehr bediente, führte in nicht wenigen Milieus der Arbeiterschaft zu Entsetzen, Wut und in manchen Fällen zum Bruch mit der Partei. Der in den Augen vieler Sozialisten, die mit der KPD liebäugelten, unverantwortliche Einbezug der Reichswehr wurde

---

[11] *di Fabio, Udo*: Die Weimarer Verfassung. Aufbruch und Scheitern, München 2018, S. 159 f.

als verräterischer Pakt gegen die Arbeiterklasse aufgenommen.[12] Dementsprechend agitierte die KPD in ihren parteina-
hen Zeitungen und auf Veranstaltungen gegen die SPD, die
sich jahrelang nicht von diesem Stimmungstief erholen konnte.
Die Spaltung der Arbeiterschaft setzte sich, ebenso wie die di-
vergierenden Bestrebungen im bürgerlich-liberalen und natio-
nalkonservativen Lager, aufgrund der weiterhin schwelenden
existenziellen Krisenlage fort. Als sich die Verschiebung der
Stimmenanteile auf die politischen Ränder noch verschärfte,
baute die DNVP ihren Status vier Jahre später bei der Reichstagswahl 1924 weiter aus.

Ein nüchterner Blick auf die politisierte Gesellschaft, die eigentlich das geistige Fundament der Demokratie bilden sollte,
zeigt die enge ideologische Abgrenzung der Parteien und die
Abschottung ihrer sozialen Milieus. Obwohl die Zwischenkriegszeit in Europa ähnlich wie in Nordamerika von weltanschaulichen Utopien und Idealvorstellungen dominiert wurde,
blieben die politischen Überzeugungen durch die starke Milieubindung der Wählerschaft in der Weimarer Republik eine
verlässliche Konstante. Daran ändert das Faktum nichts, dass
sich die Wählerstimmen der Milieus, wie oben beschrieben,
durchaus auf mehrere Parteien verteilten. Für die Untersuchung der politischen Kultur ist insbesondere die Milieubindung, die für Parteien Stabilitätsanker und programmatische
Verpflichtung zugleich war, ein zentraler Ansatzpunkt. Denn
daraus erklärt sich die Nichtpreisgabe eigener Positionen, die
für unverrückbar gehalten und kompromisslos verteidigt wurden. Es mangelte an konsensorientierter Konfliktbeilegung in
den Regierungskabinetten, in denen die Interessen mehrerer

---

[12] ebd., S. 135.

Milieus aufeinanderprallten, sodass Koalitionen aufgrund inhaltlicher Differenzen scheiterten. Besonders die Weimarer Koalitionen hatten diese Erfahrung machen müssen, zuletzt noch 1930 in der Großen Koalition unter Kanzler Hermann Müller. Das beste Beispiel, an dem sich veranschaulichen lässt, welche Gräben sich in dem parteipolitischen Umgang miteinander auftaten, war das Verhältnis der Weimarer Koalition aus SPD, DDP und Zentrum zur DVP: Müller erreichte 1921 nur mit Mühe auf dem Görlitzer Parteitag unter Mithilfe einflussreicher Sozialdemokraten wie Otto Braun und Eduard Bernstein einen Beschluss, der eine Koalition mit der DVP zuließ.[13] Bernstein war es, der nicht nur wie wenige sonst das Verständnis von der Bedeutung demokratischen Interessenausgleichs für eine funktionierende Demokratie aufwies, sondern der auch imstande war, ihn als Kerngedanken zu formulieren. *Jan Werner Müller* gibt diesen Gedanken so wieder:

> *„Bernstein glaubte, dass die Demokratie als eine ‚Hochschule des Kompromisses‘ diejenigen, die in ihr mitwirkten, moralisch zum Besseren verändere: ‚Das Wahlrecht der Demokratie macht seinen Inhaber virtuell zu einem Teilhaber am Gemeinwesen, und diese virtuelle Teilhaberschaft muss auf die Dauer zur tatsächlichen Teilhaberschaft führen (...).‘ Und weiter: ‚Tatsächlich gibt es keinen liberalen Gedanken, der*

---

[13] **Winkler, Heinrich August***:* Weimar 1918-1933. Die Geschichte der ersten deutschen Demokratie, München 2018, S. 163.

nicht auch zum Ideengehalt des Sozialismus ge-
hörte. '[14]

Die Sozialdemokratie müsse dafür eintreten, so forderte Bernstein, den Sozialismus im Einklang mit der parlamentarischen Demokratie zu erreichen, da der Weg der Revolution für dieses Ziel nicht mehr zeitgemäß sei.[15]

Weimarer Republikaner waren somit oft politisch Getriebene, die, sofern ihre Parteien in der Regierung vertreten waren, unter enormem Druck der politischen Extreme standen. Die Agitation jener Parteien, die an den radikalen Rändern des Parteienspektrums um Stimmen warben, zog ihren Nutzen oft aus zu starrer Interessenpolitik und politischen Fehleinschätzungen republikanischer Regierungen. Das zeigt die Reichswehrproblematik so wie die Annahme des Londoner Ultimatums durch das Kabinett Joseph Wirths 1921 im Glauben, die Alliierten würden sicher beim Anblick der finanziellen Überforderung des Reiches ihre Reparationspolitik mildern. Der Abbruch des passiven Widerstands gegen die französische Besetzung des Ruhrgebiets als erster Akt des 1923 vereidigten Kabinetts Stresemann und die spätere Beendigung der Ruhrbesetzung ist ein dritter Fall, der beispielhaft zeigt, wie komplizierte Zwangslagen zu Staatskrisen führten, weil der durch die Gegner der Republik agitatorisch verschärfte Erfolgsdruck auf die Weimarer Koalition die Republik stets begleitete. Politische Agitation fand Eingang in die Köpfe der Menschen und verfestigte ext-

---

[14] *Müller, Jan Werner*: Das demokratische Zeitalter: Eine politische Ideengeschichte Europas im 20. Jahrhundert, Berlin 2013, S. 96.
[15] ebd.

reme, antirepublikanische Denkmuster, die das geistige Fundament der Demokratie gefährdeten. Gustav Stresemann und Julius Curtius wiederfuhr in ihrem nacheinander geführten Amt des Außenministers Ähnliches, als die Verträge von Locarno, die Verständigung mit Frankreich, die Aufnahme des Deutschen Reiches in den Völkerbund und der Young-Plan Erleichterungen der Reparationsbestimmungen nach sich zogen. Statt eines eigentlich zu erwartenden Abklingens der hasserfüllten Verteufelung sog. Erfüllungspolitiker ertönten die Stimmen der Republikgegner in Form von Demonstrationen und Initiativen wie dem Volksbegehren gegen den Young-Plan umso lauter. Im Hinblick darauf verwundert es nicht, wie der Umgang mit politischen Gegnern im Allgemeinen geführt wurde. Politik wurde als Kampf ausgetragen, indem der Gegner untertänig gemacht oder vernichtet werden sollte. Konsens und Kompromissfindung waren selbst unter Republikanern kein alternativloses Mittel. Dementsprechend zierten soldatische Tugenden die Wahlplakate, die durch bildgewaltige Sprache untermalt wurden. *Michael Stolleis* zeigt auf, wie mit antirepublikanischem Gedankengut systematisch Missbrauch an der Verfassung betrieben wurde, indem man Minderheitenrechte so ausgenutzt hat, um die öffentliche Stimmung gegen die Verfassung anzuheizen.[16] *Carl Ludwig Holtfrerich* schreibt zutreffend, dass die Verfassung von Teilen der Gesellschaft als aufgezwungen wahrgenommen wurde und dass die Verfassungsnorm und Verfassungswirklichkeit von einer breiten

---

[16] *Stolleis, Michael.*: Weimarer Kultur und Bürgerrechte, in: Weimar und die deutsche Verfassung. Geschichte und Aktualität von 1919, Stuttgart 1999, S. 96.

Mehrheit in Politik und Gesellschaft nicht akzeptiert worden sei.[17]

Auf die These *Friedrich Meineckes*, das Volk sei nicht reif für die Demokratie gewesen, kann differenzierend mit einer Aussage von *Ernst Fraenkel* entgegnet werden:

> *„Eine funktionierende freiheitlich-rechtstaatliche Demokratie geht daher von der Notwendigkeit und Wünschbarkeit der Divergenz in tunlichst vielen Einzelfragen und der Notwendigkeit und Unvermeidlichkeit der Konvergenz in allen Grundfragen aus.* "[18]

Ein durchgängiges Motiv für die Republikgegner ist dabei die Schwächung des Parlamentarismus von links und rechts aus politischer Tradition heraus. Eine starke Stellung des Parlaments hatte es in Deutschland bis dahin nicht gegeben. Dies war ein weiterer zentraler Schwachpunkt für die junge Demokratie und die politische Kultur in der Republik. Den als Vorbild dargestellten sog. Vernunftrepublikaner sieht *Andreas Rödder* in dieser Hinsicht teilweise kritisch, da auch jener dazu

---

[17] ***Holtfrerich, Carl Ludwig***: Politische Kultur und ökonomische Probleme der Weimarer Republik aus heutiger Sicht, in: Weimar und die deutsche Verfassung. Geschichte und Aktualität von 1919, Stuttgart 1999, S. 31 f.

[18] ***Fraenkel, Ernst***: Strukturanalyse der freiheitlich-rechtstaatlichen Demokratie, in: ***Rohlfes, Joachim/Körner, Hermann (Hrsg.)***: Historische Gegenwartskunde, Göttingen 1969, S. 253.

beigetragen habe, die Macht der Exekutive gegenüber dem Parlament auszuweiten.[19]

Rödder stellt der politischen Kultur und damit auch der Gesellschaft der Weimarer Republik folgendes Zeugnis aus:

> *„Die politische Kultur in der Weimarer Republik stand vielmehr - über die geistigen Gräben einer zerfurchten Gesellschaft hinweg - im Zeichen von oft mehr raunend erahnten als sachlich bewussten und daher auch im einzelnen ganz unterschiedlich gefüllten Ideen wie ‚Volksgemeinschaft‘ und ‚Führer‘, ‚Einheit‘ und ‚Ganzheit‘, ‚Willenskraft‘ und ‚Tat‘ (...)*
> *„Nichtsdestoweniger zieht sich eine breite Spur der Skepsis und der Ablehnung gegenüber der Moderne durch die Republik, und an beidem wurden die Zeitgenossen in der großen Krise der frühen dreißiger Jahre nachgerade irre.“[20]*

So wurde politisches Sendungsbewusstsein zu etwas Heroischem, etwas moralisch Unangreifbarem, dessen Dienst und Notwendigkeit für das Wohl des deutschen Volkes man nicht hinterfragen durfte, ohne als Feind von Nation und Volk diffamiert zu werden.[21] Tatsächlich beinhalteten die meisten dieser

---

[19] **Rödder, Andreas**: Weimar und die deutsche Verfassung. Eine Zeitreise durch die Geschichte, in: Weimar und die deutsche Verfassung. Geschichte und Aktualität von 1919, Stuttgart 1999, S. 77.

[20] ebd., S. 87.

[21] **Platthaus, Andreas**: 18/19. Der Krieg nach dem Krieg. Deutschland zwischen Revolution und Versailles, Berlin 2018, S. 92; vgl. **Sontheimer**, Antidemokratisches Denken, S. 13 ff.

Vorstellungen den Glauben an einen weltanschaulich homogenen Einheitsstaat, der mit den Grundwerten einer freiheitlich-rechtstaatlichen Demokratie unvereinbar war. Im letzten von Zentrumspolitiker und Reichsbannermitglied Wilhelm Marx geführten Kabinett wurde in der Exekutive Verantwortung an die DNVP abgetreten und damit an diejenigen, die an Ansehen und Aufwertung der Republik nach außen wie nach innen kein Interesse hatten. Das schadete dem Verhältnis in der Weimarer Koalition und brachte vor allem das Reichsbanner gegen die Zentrumspartei und die Person Marx auf. So ließen sich Sozialdemokraten, Liberale und Zentrumsdemokraten durch den politischen Gegner spalten.

3. Das „Reichsbanner Schwarz-Rot-Gold" in der Weimarer Republik

3.1 In nationalrepublikanischem Geiste: Gründungsimpuls, Leitidee, Herausforderung

Als Gründungstag des Reichsbanners hat der 22. Februar 1924 Eingang in die Geschichtsschreibung gefunden. *Sebastian Elsbach* hat in seiner Pionierarbeit zentrale und für das Reichsbanner charakteristische Merkmale beschrieben. Letztere im Folgenden kurz steckbriefartig zu erläutern, bietet sich an, um Leserinnen und Lesern einen ersten präzisen Eindruck des Reichsbanners als reichsweit größter Veteranen- und Wehrverband der Weimarer Republik zu vermitteln. An die einleitende Kurzdefinition schließen sich die Darstellung des Entstehungsprozesses der Reichsbannergründung sowie ereignis- und organisationsgeschichtliche Vorstufen an, welche in besonderem

Maß die erschwerten politischen und gesellschaftlichen Handlungsspielräume demokratisch-republikanischer Verbände aufzeigen.

Ein zentrales Gründungsmerkmal des Reichsbanners leitet sich aus dem Namen ab. Im „*Reichsbanner Schwarz-Rot-Gold. Bund republikanischer Kriegsteilnehmer*", versammelten sich jene von den Schlachtfeldern in die Heimat zurückgekehrten Soldaten, die sich aus Überzeugung heraus entschlossen, die junge Republik und erste Demokratie mit allen Kräften und Mitteln zu unterstützen und zu verteidigen. Einige waren politisch vorsozialisiert, sind vor dem Krieg in der SPD aktiv gewesen oder wuchsen in einem fortschrittlich-liberalen oder christlich-demokratischen Umfeld auf. Wenn auch die Zahl parteiloser Mitglieder nicht der einer Minderheit entsprach, drängten in erster Linie die Funktionäre oder Mitglieder einer Partei, die über einen regionalen oder überregionalen Bekanntheitsgrad verfügten, in die Öffentlichkeit. Der Frage der sozialen Herkunft der Mitglieder wird zu späterem Zeitpunkt eine größere Relevanz zukommen. Das Selbstbild dieses überparteilichen Zusammenschlusses war zu diesem Zeitpunkt das eines physisch wehrhaften Schutzbundes der Republik. In die parlamentarische Demokratie als Regierungssystem und die Republik als Hort sozialen Fortschritts, die seit ihrer Gründung von autoritären wie extremistischen Kräften aller Richtungen bis ins Mark bekämpft wurde, projizierten Republikaner ihre Hoffnungen für die Zukunft. Dementsprechend wandte sich das Reichsbanner als verhasster Gegenpart autoritärer, antirepublikanischer Bewegungen gegen jedes Kollektiv, das die Republik von innen zu Fall zu bringen versuchte. Früh kam es zu Konflikten mit dem monarchistischen Stahlhelm, der öffentliche Anlässe nutzte, um das instabile gesellschaftliche Fundament und die vermeintliche physische Wehrlosigkeit der Republik durch eigene paramilitärische Präsenz zu untermauern. Auch die KPD wurde nicht müde die Weimarer Koalition zu bekämpfen und rief ihren numerisch unterlegenen Rotfrontkämpferbund zu erbittertem Widerstand auf. Für die eigene öffentliche Agitation, die propagandistische Verbreitung der „*Sozialfaschismus*"[22]-These erschien diese Strategie hilfreich.

Ab Mitte der 1920er-Jahre veränderte der Nationalsozialismus und die SA als dessen Straßenmiliz die reale Gefährdungslage nachhaltig. Eine der wesentlichen praktischen Aufgaben des Reichsbanners bestand darin, sicherzustellen, dass fest etablierte politische Abläufe in Form offizieller Veranstaltungen ungestört stattfinden konnten. Die Sicherung von Räumlichkeiten bei Wahlen, Staatsbesuchen oder Parteiveranstaltungen durch die Aufstellung eigener Saalschutzeinheiten oder die Begleitung und Abschirmung von Kundgebungen, Trauermärschen und Staatsakten gehörten zum Standardrepertoire der Reichsbannertätigkeit. Ein darüber hinaus gehendes, bewusstseinsbildendes langfristiges Ziel war es, die politisch aktiven Republikaner dabei zu unterstützen, die Nachkriegsgesellschaft mit dem demokratischen System und der republikanischen Staatsform zu versöhnen. Es ging darum, das demokratische Bewusstsein der Bürger zu fördern und dem teils zivilen Charakter des Verbands entsprechend, soziale Gruppen zu erreichen. Das Hineinwirken in die Gesellschaft entwickelte sich, angesichts weit verbreiteter Ressentiments gegen die Republik und einer fehlenden politischen Streitkultur, die die

---

[22] *Winkler, Heinrich August*: Der Schein der Normalität. Arbeiter und Arbeiterbewegung in der Weimarer Republik 1924-1930, Berlin/Bonn 1988, S. 663.

Bonner und die Berliner Republik auszeichnet, zu einer fort-
dauernden Aufgabe.[23] Eine permanente Herausforderung
wurde das Bemühen, sich gegen die Vergiftung des gesellschaftlichen Klimas durch die extremen politischen Ränder zur
Wehr zu setzen. Dies verdeutlicht, warum ein ausgeprägtes Interesse an dem Zugewinn jugendlicher Mitglieder bestand. Der
Erziehung junger Menschen zu republikanischen Staatsbürgern kam entscheidende Bedeutung zu und gehörte zu den
langfristigen Zielen des Reichsbanners. Auf die Thematik der
republikanischen Jugendarbeit des Verbandes wird noch an
späterer Stelle zurückzukommen sein.

Zunächst ist ein näherer Blick auf die Entstehungsgeschichte
geboten:

> *„Der mit zivilen, aber auch mit gewaltsamen Mitteln*
> *ausgetragene Kampf von wehrhaften Demokraten in*
> *den Jahren von 1919 bis 1924 hat zur Stabilisierung*
> *der Republik beigetragen."*[24]

So bilanziert *Elsbach* das Ringen der sich in Ländern, Regionen und Kommunen organisierenden Republikaner um die po-

---

[23] ***Eggersdorfer***, ***Helene***: Demokratiekritik in der Weimarer
Republik. Eine Untersuchung auf der Grundlage Hans
Kelsens Demokratieverständnis und seiner Schrift Verteidi-
gung der Demokratie, in: ***Elsbach***,
Sebastian*/*Noak*, *Ronny*/*Braune*, *Andreas: Konsens und
Konflikt. Demokratische Transformation in der
Weimarer und Bonner Republik, Jena 2019, S. 267 f.
[24] ***Elsbach*, *Sebastian*.**: Das Reichsbanner Schwarz-Rot-Gold.
Republikschutz und politische Gewalt in der
Weimarer Republik, in: ***Dreyer*, *Michael*/*Braune*, *Andreas***
(Hrsg.): Weimarer Schriften, Bd.10, Stuttgart 2019, S. 57.

litische Deutungshoheit in einer Zeit, in der die Weimarer Demokratie bereits früh existenziellen Bedrohungslagen ausgesetzt gewesen war. Die Gründung des Reichsbanners in Magdeburg erfolgte zu Beginn gerade jener Phase, die in der Geschichtswissenschaft übereinstimmend als Jahre der relativen Stabilität bezeichnet werden. Sie bildet den Abschluss eines gemeinsamen geistig-ideellen Findungs- und Sammlungsprozesses, bei dem sich die Mitglieder im Kern aus dem Kreis der sogenannten Weimarer Koalition speisten. Die Wahl zur verfassungsgebenden Nationalversammlung, bei der DDP, SPD und Zentrum durch die Wähler mit einer komfortablen Mehrheit ausstattet wurden, bildete das demokratische Potenzial der deutschen Gesellschaft kurz nach Beendigung des Ersten Weltkriegs ein erstes Mal ab. Wie rapide die Zustimmung für die republikanischen, auf dem Boden der Weimarer Reichsverfassung stehenden Parteien, in den Jahren 1920 bis 1924 schon wieder sank, zeigt jedoch, wie brüchig das Fundament des Vertrauens in der von zunehmender gesellschaftlicher Spaltung und politischer Gewalt geprägten Nachkriegsgesellschaft war.[25]

Dieser Tatsache zum Trotz ist zu konstatieren, und nur darauf ist die Gründung des Reichsbanners zurückzuführen, dass sich die republikanische Staatsgesinnung der regierenden Demokraten um Friedrich Ebert und seiner Amtsnachfolger in den Köpfen der Demokraten der ersten Stunde unabhängig von parteipolitischen Präferenzen auf den Straßen wiederfand. Zur Beendigung der Revolutionswirren zieht etwa *Elsbach* das Beispiel des *„Regiments Reichstag"* heran, welches sich in

---

[25] *Möller*, *Horst*: Die Weimarer Republik. Eine unvollendete Demokratie, München 2006, S. 209 f.

scharfer Abgrenzung zu den monarchistischen und teils extremistischen Freikorps an der Aufstandsbekämpfung und der Sicherung der öffentlichen Ordnung beteiligte.[26] Weiterhin zeichnet *Elsbach* den Versuch des Republikanischen Führerbundes, kurz FB genannt, nach, integrativ in die preußische Armee hineinzuwirken und belegt überzeugend das Bemühen, diese von innen heraus gesellschaftlich heterogener und politisch ausgeglichener aufzustellen:

> *„So verlangte die Reichskonferenz des Führerbundes 1920 eine Besetzung aller Führungsstellen der Armee mit Republikanern, das politische Vollbürgerrecht aller Soldaten, einschließlich des aktiven und passiven Wahlrechtes, und die völlige Unterstellung der Armee unter die Zivilgewalt mittels der Einsetzung von Zivilkommissaren. All dies zusammengenommen lief auf eine völlige Abkehr vom preußischen Militarismus hinaus."*[27]

Dieser Verbund republikanisch eingestellter Offiziere und Soldaten aus den Reihen der ehemals kaiserlichen Armee und der Polizei war auch offen für Außenstehende, die bis dahin nicht im Heer aktiv gewesen waren. Seine Vorhaben und sein gesamter Fokus waren ausschließlich auf die Reichswehr und deren innere Strukturen gerichtet, die er aufzubrechen versuchte. Als Hilfseinheit beteiligte sich der FB parallel zum Streik der Arbeiterschaft an der Niederschlagung des Kapp-Lüttwitz-Putsches und konzentrierte somit das militärische Personal, das sich später im Reichsbanner wiederfand, schon zu diesem Zeit-

---

[26] **Elsbach**, Reichsbanner, S. 64.
[27] ebd., S. 69 f.

punkt auf die eigenen Reihen. Seine kühn formulierten Forderungen nach Konsequenzen, etwa der Ruf nach der Kontrolle reaktionärer Kräfte durch Personal des FB sowie nach Entwaffnung, Verurteilung und Entlassung der Putschisten aus ihren Ämtern aber auch die Rücktrittsforderung an Reichswehrminister Gustav Noske, leitete dann allerdings für den FB den Weg in die Bedeutungslosigkeit ein.[28] Denn Noske selbst pflegte ungeachtet aller absehbaren innenpolitischen Konsequenzen in entschiedener Weise das Zweckbündnis mit der Reichswehr und den ranghohen, meist republikfeindlich eingestellten Offizieren. Dass die Reichswehr für die Aufrechterhaltung der inneren Sicherheit essenziell gebraucht wurde, steht wohl außer Frage.[29] Unbestreitbar ist aber auch, dass sie sich mithilfe der politischen Führung einer Modernisierung erfolgreich zu entziehen vermochte, was die sicherheitspolitischen Bedenken aus republikanischer Sicht aktuell bleiben ließ. Das Scheitern des Republikanischen Führerbundes an fehlendem Rückhalt der Reichsregierung zementierte im weiteren Verlauf zwar die innenpolitische Machtposition der Reichswehr, konnte aber den Sammlungserfolg republikanisch gesinnter Heeresangehöriger nicht schmälern.

Als institutionelle, aber explizit nichtmilitärische Weiterführung des FB verstand sich trotz seines veränderten Selbstverständnisses der Republikanische Reichsbund, kurz RRB, der in der Forschung gemeinhin als Vorfeldorganisation des Reichsbanners betrachtet wird. Das lässt sich nicht nur an der dezidiert politischen Ausrichtung des Bundes festmachen, sondern wird auch im Hinblick auf die wesentlichen Gründungsmerkmale deutlich: Nicht bloß der Aspekt der Überparteilichkeit,

---

[28] ebd., S. 74 ff.
[29] *di Fabio*, Die Weimarer Verfassung, S. 161 ff.

sondern die ideelle Orientierung an den Nationalfarben Schwarz, Rot und Gold in Anknüpfung an die Revolution von 1848 wie auch der Sitz in Weimar sind als symbolischer Solidaritätsakt gegenüber der Republik und der Demokratie zu interpretieren. In erster Linie kam dabei der zivilkulturelle Charakter, der sich auch in der Betonung des internen Verbandslebens zeigt, zur Geltung. Anders als im FB stand, zitiert nach *Elsbach*, hier die *„Vertiefung des republikanischen Geistes und die Pflege einer republikanischen Staatsgesinnung"*[30] aber auch die Kooperation mit politisch nahestehenden Organisationen im Vordergrund. In die Verbandspresse wurde anfangs die FB-Zeitschrift *„Die Stunde"* übernommen, was noch einmal die politische Nähe beider Verbände verdeutlicht. Das Aufkommen des Reichsbundes rührte in der zeitlichen Abfolge daher, dass sich miteinander vernetzende Republikaner den Wegfall des FB durch einen neuen Verband auffangen wollten, der über die Repräsentanz und die Akzeptanz breiter republikanischer Teile der Gesellschaft verfügte, anders als der FB, der auf das Vorhaben, eine strukturelle Veränderung des Heeres herbeizuführen, limitiert blieb.[31] Die Mitgliederanwerbung des Reichsbundes ist durchaus als erfolgreich zu bewerten. Beitrittsberechtigt waren Männer, Jugendliche und Frauen, was letzten Endes dem Willen der Unterzeichner des Gründungsaufrufs Rechnung trug, die Verbundenheit mit der Republik in der Breite und Tiefe der Zivilgesellschaft zu verankern. Die reichsweite Mitgliederdichte war dem Quellenbefund des Bundesarchivs zufolge im Vergleich mit dem FB ungleich höher, gliederte sich doch der Reichsbund in

---

[30] *Elsbach*, Reichsbanner, S. 81.
[31] ebd.

elf Landesverbände, die insgesamt mehrere zehntausend Mitglieder zählten.[32] Am stärksten vertreten war er in Berlin, Thüringen, Hessen und Bayern. Dort gelang es ihm, feste Strukturen zu etablieren. Zum Teil deckt sich dieser geographische Befund mit den Hochburgen des Reichsbanners.

Ein Makel, der dem Republikanischen Reichsbund anhaftete war jedoch der, dass er seine Unterstützer und republikanischen Gallionsfiguren vor allem in der SPD und in der progressiv-liberalen Deutschen Demokratischen Partei fand. Wie *Elsbach* vertritt auch *Benjamin Ziemann* die Auffassung, dass der Reichsbund als durch und durch von Sozialdemokraten getragene Organisation betrachtet werden müsse.[33] Mit Friedrich Dessauer, so führt *Elsbach* aus, bekannte sich nur ein profilierter Zentrumspolitiker zu dem Verbund, der somit sein ausgewiesenes Ziel als überparteiliches Bündnis das volle Potenzial republikanisch gesinnter Wählerschaft auszuschöpfen, verfehlte.[34] Dennoch würde man dem Reichsbund und noch mehr dem Reichsbanner nicht gerecht, wenn beiden eine milieuübergreifende Breite der Anhängerschaft abgesprochen würde. Als milieu- und parteiübergreifendes Bündnis zeigte man sich geeint in dem Bestreben, dass ein Bekenntnis für die Demokratie und die Republik niemals nur aus parteipolitischen Beweggründen, sondern allein aus patriotischer Überzeugung für Frieden, Freiheit und Wohlstand des eigenen Landes und der Bürger resultieren sollte. Zu Maximen für ihr Handeln erhoben

---

[32] ebd.

[33] *Ziemann*, *Benjamin*: Die Zukunft der Republik? Das Reichsbanner Schwarz-Rot-Gold 1924-1933, hrsg. durch die Reihe „Gesprächskreis Geschichte" der Friedrich-Ebert-Stiftung (Heft 91), Bonn 2011, S. 21 f.

[34] *Elsbach*, Reichsbanner, S. 83.

die Zeitgenossen des Reichsbanners Realitätssinn, das Wissen um Verantwortung und die realpolitische Vernunft, mithilfe derer die Republik aus den multiplen Krisenlagen befreit werden musste. So bildete die Reichsbannergründung die Einigung verschiedener sozialer Milieus ab, die nach 1924 in einem nationalrepublikanischen Korpsgeist kulminierte. Soziale, liberale und Zentrumsdemokraten verband ein patriotisches Bewusstsein, das, in beherzter Selbstverständlichkeit nach außen getragen, nicht nur mit der republikanischen Staatsgesinnung in Einklang stand, sondern darauf aufbaute.

Ein erstes Zwischenfazit lässt sich ziehen: Die Sammlungsphase vor der Gründung des Reichsbanners lässt sich in der Rückschau auf die Bildung zweier Institutionen verengen: Der des Republikanischen Führerbundes und der des Republikanischen Reichsbundes. Die prägenden Leitideen bestanden darin, Kriegsveteranen zusammenzubringen, eine gemeinsame, sinnstiftende, republikanische und dazu nichtrevanchistische Kriegserinnerungskultur zu schaffen und zu guter Letzt, aktiv die von Deutungskämpfen gezeichnete politische Kultur durch das Ideal eines patriotischen Republikanismus positiv zu verändern. Es entstand eine demokratische Sammlungsbewegung, die sich auch als Vertreter physischer Wehrhaftigkeit verstand, die der Weimarer Republik nach ihrer Beseitigung 1933 im öffentlichen Diskurs allzu oft abgesprochen wurde. Zweifelsohne war die Gründung des Reichsbundes ein letzter entscheidender Meilenstein, um die organisatorischen Voraussetzungen für die überparteiliche, breite Gesellschaftsteile abbildende Sammlungsbewegung des Reichsbanners zu schaffen.

3.2 Träger einer zeitgenössischen Zivil- und Gewaltkultur

Im Folgenden gilt es, die Organisationsstruktur des Reichsbanners überblickartig darzustellen, um organisatorische Abläufe, Befugnisse und Zuständigkeiten sowie Kommunikationswege innerhalb des Verbandes herauszuarbeiten. *Karl Rohe* hat in einer ersten vorgelegten Gesamtdarstellung über den republikanischen Wehrverband den Anspruch formuliert, in einer vergleichenden Betrachtung charakteristische Gemeinsamkeiten und Unterschiede zwischen dem Reichsbanner und anderen *„verwandte(n) Organisationgebilde(n)"* herauszustellen.[35] Für den Vergleich zog *Rohe* die Struktur der paramilitärischen Verbände der politischen Rechten und der Parteiorganisation der SPD heran. Eine grundlegende Festlegung zu Beginn ist die Unterscheidung der zweigegliederten Organisationsebenen. Auf politischer Ebene war das Reichsbanner als eingetragener Verein strukturiert, auf technischer Ebene trug es seiner Funktion als defensiv agierender, auf Deeskalation eingestellter Kampfverband Rechnung. Das institutionelle Nebeneinander beider Organisationsebenen folgt dem Bestreben, den sich manchmal überschneidenden Bereichen der Repräsentation und der Agitation durch die strikte organisatorische Trennung beider Ebenen entgegenzuwirken.

Die politisch-repräsentative Ebene zeichnete sich, im Vergleich zur technischen Ebene, durch ein horizontal breit aufgestelltes Führungsgremium aus. Der Bundesvorstand bestand

---

[35] *Rohe, Karl*: Reichsbanner Schwarz-Rot-Gold. Ein Beitrag zur Geschichte und Struktur politischer Kampfverbände in der Weimarer Republik, Düsseldorf 1966, S. 83.

aus einem ersten und zweiten Vorsitzenden, drei gleichberechtigten Stellvertretern, dem Bundesschatzmeister, dem Bundeskassierer, dem Schriftführer, dem Technischen Leiter, dem Schutzsportleiter, dem Bundesjugendleiter und dessen Vertretern und sowie aus fünfzehn Beisitzern. Die vertikale Hierarchie der Organisationseinheiten verlief aufsteigend von der Ortsgruppe bzw. dem Ortsverband über den Kreisverband, den Bezirksverband bis hin zum Gauverband. *Rohe* bezeichnet die Kreise und Bezirke als „*Organisationsstufen sekundärer Ordnung*"[36], denen nur eine Person als leitender Vorsitz vorstand. Während der Bezirk in Satzungen als Organisationseinheit oftmals unerwähnt geblieben sei, habe der Kreis mit zunehmender Dauer eine interne Aufwertung erfahren und sei 1927 durch eine „*bundeseinheitliche Regelung*"[37] zum Oberbegriff geworden. Auf Kreisebene seien dann auch die Delegierten für die Bundes- und Gauversammlungen gewählt worden. Die Bundesversammlung stellte, der Funktion eines Bundesparteitags ähnelnd, das höchste Beratungs-, Diskussions- und Entscheidungsgremium dar.

Auf technischer Ebene kamen, der namentlichen Abfolge ihrer Organisationsstufen folgend, schon eher die Strukturen und Regeln eines Wehrverbandes zum Tragen. Der Aufbau des technischen Sektors erstreckte sich über die Organisationseinheit der Gruppe, über den Zug, die Kameradschaft, die Abteilung, den Bezirk, den Kreis und den Gau. Jede Einheit verfügte über ihren technischen Führer, der gegenüber seinem Kollegen der nächsthöheren Ebene informationspflichtig, weisungsgebunden und handlungspflichtig war. Darüber hinaus fand eine

---

[36] ebd., S. 84.
[37] ebd.

Verzahnung der politischen und der technischen Ebene dahingehend statt, dass allen Vorständen der politischen Organisationseinheiten auch der technische Führer des jeweiligen Gaues oder Kreises als stimmberechtigtes Mitglied angehörte.[38] Der technische Führer fungierte somit innerhalb des Vorstands als Sprachrohr zwischen dem Vorstand und den aktiven dienstleistenden Kameraden, die die Schutzformationen, kurz Schufo, auf den Straßen der Republik bildeten. Zwar ohne rechtliche Verfügungsgewalt gegenüber der Truppe ausgestattet, kam ihm aber die Aufgabe zu, Weisungen und Aufgaben des Vorstandes zu übermitteln und vor Ort für deren Durchführung zu sorgen.

Das Quellenaufkommen, welches detaillierte Einblicke in das Innere des Verbandes verspräche, ist rar. Von zentraler Relevanz für die Reichsbanner-Forschung sind zwei zeitgenössische Dokumente, die für neue Mitglieder als Eingewöhnungshilfe und für neue als auch gestandene Mitglieder als Leitfaden diente. Zum einen war da der „Technische Führer", der Regularien, so wie sie die zum jeweiligen Zeitpunkt geltende Bundessatzung hergab, zusammenfasste. Er enthielt Erläuterungen zur Organisationsstruktur, zur Erscheinungsform, zum öffentlichen militärischen wie zivilen Auftreten, zu Marschformationen, zur Gliederung der militärischen Rangfolge, und zu Gremien des Verbandes. Dem Namen entsprechend, richtete sich der „Technische Führer" in erster Linie an die aktiven Kameraden, die zum Straßen-, Versammlungs- und Saalschutz angefordert wurden. Als zweites zeitgenössisches Dokument verfügten Mitglieder über einen sog. „Wegweiser", der, mit sehr ähnlichem Inhalt aber doch etwas ausführlicher gestaltet, nach

---

[38] ebd., S. 85.

jeder verabschiedeten Bundessatzung oder nach Vorstandswechseln neu ausgegeben wurde. Er bot weitreichendere Informationen zum Jungbanner, zur Pressearbeit und zum gemeinschaftlichen Verbandsleben. Beide Quellen sind von unschätzbarem wissenschaftlichen Wert, da es ohne sie ungleich schwieriger gewesen wäre, Verbandsstrukturen und in der Satzung verankerte Schwerpunkte herauszuarbeiten. Besonders der „*Wegweiser*" wartete mit bemerkenswerten Erkenntnissen über das Selbstverständnis des Reichsbanners auf. Gemäß dem zweiten Paragraph, der Aufgaben und Tätigkeiten des Verbandes auf Bundesebene festschrieb, wurden Repräsentation und Agitation als zwei Seiten derselben Medaille interpretiert. In der Aufzählung heißt es unter anderem:

> *„Der Bund hat die Aufgabe alle Mitglieder staatspolitisch im Sinne und Geiste der Verfassung der Republik zu schulen und zu befähigen, den republikanischdemokratischen Staatsgedanken in Stadt und Land zu verbreiten und zu vertreten."*[39]

Die Agitation nach außen war auch mit dem Ziel verbunden, neue Sympathisanten oder bestenfalls neue Mitglieder zu gewinnen. Im weiteren Sinne verstand man den Zweck eigener Agitation nicht nur als Signal an die Öffentlichkeit und politische Gegner. Vielmehr sah man sich als Bestandteil eines Kreises kooperierender, werteverwandter Organisationen, die Überzeugungen und Ziele teilten und sich miteinander solida

---

[39] **Archiv der sozialen Demokratie (FES)**: 4/RSRG, Sign. 49: Wegweiser für Funktionäre, Führer und alle Bundeskameraden des Reichsbanners Schwarz-Rot-Gold, beschlossen von der Bundesgeneralversammlung vom
2. Oktober 1928 zu Hannover, gültig ab 1. Januar 1929, S. 9.

risch zeigten. Entsprechend trat der Verband der Satzung zufolge für die *„Aufnahme und Pflege von Beziehungen zu deutschen und außerdeutschen Organisationen zur Wahrung gemeinsamer Interessen und Verfolgung gleichartiger Ziele"*[40] ein. Über die Auslandskontakte des Reichsbanners, die hier anklingen, gibt das vorhandene Quellenmaterial wenig Aufschluss. Trotz überschaubarer Überlieferung ist bekannt, dass Kontakte zu Ortsgruppen bestanden, die deutsche Republikaner außerhalb des Deutschen Reiches aufgebaut hatten. Mit einem französischen Veteranenverband, dem *„Union federale"*, pflegte das Reichsbanner, wie *Ziemann* herausgearbeitet hat, eine Partnerschaft, die mit dem Ziel des einander Verstehens als Basis für einen daraus entstehenden Versöhnungsprozess verbunden war.[41] Dies reichte so weit, dass man in die Gemeinschaft des *CIAMAC*, der *Conference Internationale des Associations de Mutiles et Anciens Combattans*, einem europäischen Zusammenschluss nationaler Veteranenverbände aufgenommen wurde. Darüber haben *Julia Eichenberg* und *John Paul Newman* ein maßgebliches Werk vorgelegt, indem sie Ziele, Motive und Problematiken des Verbandes verdeutlichen.[42] Im Bestand der Friedrich-Ebert-Stiftung existiert leider lediglich ein Ordner, der die Aktivität der Ortsgruppe Buenos Aires dokumentiert. Wohl aber geht aus den Akten hervor, dass das Reichsbanner mit dem Republikanischen Schutzbund in Österreich in regelmäßigem Austausch stand. Der Gründer und Vorsitzende, *Julius Deutsch*, war gern und vielgesehener Gast bei

---

[40] ebd., S. 10.

[41] **Ziemann**, Veteranen, S. 180.

[42] **Eichenberg, Julia/Newman, John Paul**: Kämpfen für Frieden und Fürsorge. Polnische Veteranen des Ersten Weltkrieges und ihre internationalen Kontakte 1918-1939, Berlin/Boston 2015, S. 89.

republikanischen Feierlichkeiten und offiziellen Veranstaltungen. Im Presseorgan des Reichsbanners, der Illustrierten Reichsbannerzeitung, kam er anlassbezogen zu verschiedenen Sachthemen zu Wort. Er riet dem Reichsbanner ein kompromissloseres Auftreten gegenüber seinen Gegnern und zur Ausweitung militärischer Befugnisse nach dem Vorbild seines österreichischen Verbandes.

Zum dezidiert politischen Auftreten des Reichsbanners zählte auch die Wahlagitation, auf die in den beiden folgenden Kapiteln näher eingegangen wird. Hier nur so viel: Der Schutz und das Abschirmen der Veranstaltungen, die von Parteien, Interessenverbänden oder anderen partnerschaftlich geachteten Institutionen organisiert wurden, ging immer auch mit der selbstbewussten Demonstration der Präsenz republikanischer Kräfte und auch mit entsprechenden Wahlaufrufen einher. Geworben wurde für alle drei Parteien der Weimarer Koalition sowie im Falle einer Personenwahl für den jeweiligen Kandidaten, den die republikanischen Parteien unterstützen. Wahlaufrufe waren, sofern der Anlass der Veranstaltung dies zuließ oder geboten erscheinen ließ, durchaus akzeptiert. Einseitige parteipolitische Agitation hatte gemäß der Bundessatzung dagegen nichts im tagtäglichen Umgang zwischen Kameraden verloren.[43] Ein zeitgenössischer Aufruf des Bundesverbandes an seine Mitglieder, indem diese eindringlich daran erinnert werden, wie sie sich dem Selbstverständnis des Verbandes entsprechend zu verhalten hätten, zeigt, welcher Maßstab an die eigenen Mitglieder angelegt wurde. Hintergrund war, dass eine Bundesverfassungsfeier oder andere öffentliche Veranstaltungen immer auch dazu genutzt werden sollten, Seriosität und

---

[43] *Archiv der sozialen Demokratie (FES)*: 4/RSRG, Sign. 49: Wegweiser 1929, S. 10.

einwandfreies Benehmen zu demonstrieren, um in der Öffentlichkeit nicht mit radikalen Schlägertruppen des politischen Gegners in Verbindung gebracht zu werden. So gab der Verband beispielsweise einen *„Orientierungsplan für die Reichsbannerkameraden zur Bundesverfassungsfeier des Reichsbanners Schwarz-Rot-Gold am 10. und 11. August 1929 in Berlin"* heraus, der die *„Zehn Gebote für den Reichsbannermann in Berlin"* enthielt. Dort hieß es: *1. „Tu die Augen auf, Kamerad!" 2. „Uebe Disziplin!" 3. „Sei pünktlich!" 4. „Sei hilfsbereit!" 5. „Laß dich nicht herausfordern!" 6. „Schließ Freundschaft mit den Berlinern!" 7. „Betrink dich nicht!" 8 „Such keine nächtlichen Abenteuer!" 9. „Meckere nicht wenn's der Gegner hört!" 10. „Erleichtere die Arbeit der Schutzpolizei!"*[44] Der rigorose Abgrenzungswille von den politischen Extremisten ist in Zusammenhang mit Verleumdungen durch die antirepublikanischen Parteien- und deren Presselandschaft zu sehen, deren Wirkungen, schenkt man Beobachtungen von Reichsbannermitgliedern Glauben, durch fingierte Falschdarstellungen nationalistischer Gruppen noch verstärkt wurde. Einen Ausgleich zwischen dem konfrontativen Umgang mit politischen Gegnern einerseits und dem Vertrauen schaffenden Umgang mit Bürgern andererseits zu finden, stellte für das Reichsbanner auch nach eigenem Empfinden eine der Hauptherausforderungen dar. Auf diesem Feld musste das Reichsbanner daher ebenso seinem Anspruch als verantwortungsvolle, zur allgemeinen Sicherheit stets bereitstehende Hilfseinheit gerecht werden.

---

[44] **Ders.**: 4 /RSRG, Sign. 49: Wegweiser 1929, Orientierungsplan für die Reichsbannerkameraden zur Bundesverfassungsfeier des Reichsbanners Schwarz-Rot-Gold am 10. und 11. August 1929 in Berlin.

Zivilkulturelle Formen des Zusammenlebens, welche aufgrund hauptberuflicher Verpflichtungen der Kameraden nur temporär möglich waren, zeigten sich in privaten Zusammenkünften und in öffentlichen Veranstaltungen. Diese hatten in der Regel nationalrepublikanischen und identitätsstiftenden Charakter. Nicht unerwähnt bleiben dürfen in diesem Zusammenhang die bereits oben erwähnten, großangelegten Verfassungsfeiern, die am Jahrestag der Verabschiedung der Weimarer Verfassung jährlich abgehalten wurden. Eigens zu diesem Anlass gab der Bundesverband auch hier ein Schriftstück an die aktiven Mitglieder heraus, welches diese während der Feierlichkeiten mitführen sollten.[45] Darin kam eine prominente Mitgliederschar aus Politik und Gesellschaft mit Beiträgen zu Wort, mit dem Ziel, den Wert von Republik und Demokratie nach innen sowie von Frieden und Aussöhnung nach außen hervorzuheben. Man betonte, was in wenigen Jahren erreicht worden sei und mahnte zugleich zu Wachsamkeit und Bereitschaft, die bestehenden oder aufkommenden Probleme geschlossen anzugehen.[46] Der Fokus lag dabei auf der identitätsstiftenden Rolle des Reichsbanners, durch die eine Vertiefung des Verfassungs- und Republikgedankens in den Köpfen anfänglich skeptischer Bürger erreicht werden sollte. Weniger anlassbezogen aber ein stets verbindendes gemeinschaftliches Ereignis waren die Reichsbannergautage, die, einem festen Programmablauf folgend, einen verbandsinternen und gleichzeitig institutionellen Rahmen hatten. Während die Verfassungsfeier auch Nichtmitgliedern offenstand und angesichts der Begehung des nationalen Feiertages alle Bürger ansprach, war der Anlass für den Gau-Tag

---

[45] **Ders**.: 4/RSRG, Sign. 1-36 (Exponate): Broschüre zur Reichsverfassungsfeier am 10. August 1924 in Weimar.
[46] ebd.

eher eigenrepräsentativer Natur. Auf Ortsebene, das zeigen Feierlichkeiten des Ortsvereins Weissenfels, wurden „*Republikanische Tage*" abgehalten, zu denen die Ortsgemeinde Sympathisanten, Bekannte und Reichsbannerfunktionäre als Redner einlud.[47] Einer der Höhepunkte des zivilkulturellen und gewaltkulturellen Verbandslebens waren gemeinsame Diskussionsabende, in denen etwa täglich erlittene Gewalterfahrungen thematisiert wurden. Zur Sprache kamen auch milieuspezifische Erfahrungen des Krieges, der Revolutionszeit und des Alltags. Es wurde über politische Gesellschaftsentwürfe debattiert und es fand eine Auseinandersetzung über die Frage statt, was überhaupt im nationalen Interesse der Republik und der Nation liege. Das nationale Bewusstsein und die Beschäftigung mit nationaler Identität - diese nicht im ethnischen, sondern im wertebasierten Sinn zu verstehen - wurde nicht mehr nur monarchistisch-restaurativen Kräften überlassen.[48] Über zeitgenössische milieueigene Gesellschaftsbilder und über singuläre soziokulturell unterscheidbare Politik- und Staatsverständnisse hinweg sollte ein Konsens hergestellt werden: Das sei die große zivilkulturelle Aufgabe der Reichsbannergemeinschaft. So war es möglich, privaten Raum für die Verarbeitung von Kriegserlebnissen, für die Kriegsdeutung und -erinnerung und für den Austausch tradierter Erinnerungsmuster zu schaffen.[49] Ob sich daraus mittelfristig eine nationalrepublikanische

---

[47] ebd.

[48] *Ders.*: 4/RSRG, Sign. 1-36 (Exponate): „Deutsche Republik": Republikanische Flugschriften „Der Aufbruch" von Reichskanzler a.D. Joseph Wirth (begründet von der Republikanischen Arbeitsgemeinschaft Haas, Löbe, Wirth) - Ausgabe vom 12. November 1926.

[49] *Ziemann*, Veteranen, S. 93 ff.

Gemeinschaft herausbilden würde, war dabei von vielen Faktoren, u. a. von sozioökonomischen Vorprägungen aber auch von den handelnden Personen vor Ort abhängig.

3.3 Die innenpolitische Stellung in Preußen und im Reich

Eine wissenschaftliche Auseinandersetzung mit dem Reichsbanner Schwarz-Rot-Gold erfordert es, sich vor weiteren Arbeitsschritten im Hinblick auf dessen Status als größtem republikanischem Wehrverband einen Überblick über Struktur und Verankerung des Verbandes in den sozialen Milieus der Gesellschaft, in den Berufsgruppen und in den Ländern, Provinzen, Kommunen und staatlichen Behörden zu verschaffen. Besonders zu beachten sind demographische und geographische Besonderheiten sowie weiterführende auffällige Gesichtspunkte, die Näheres über den Grad der Zustimmung für das Reichsbanner und seinen Rückhalt in der Bevölkerung deutlich werden lassen und Aussagekraft für die republikweite Mitgliederdichte besitzen. Von besonderem wissenschaftlichen Interesse sind dabei die übergeordneten politischen Verhältnisse in Ländern, die wie etwa Preußen, unter Führung regierender Reichsbannermitglieder standen. An Fallbeispielen mangelt es nicht: Zu nennen sind die Freistaaten Preußen, Oldenburg und Mecklenburg-Schwerin, die Provinz Sachsen, der Gau Berlin, die Umgebung Brandenburgs, mitteldeutsche Industrieregionen und solche östlich von Oder und Neisse sowie der Südwesten der Republik.

Für Art und Ausmaß der innenpolitischen Polarisierung und des Konfliktpotenzials, das durch die Existenz des Reichsbanners naturgemäß entstand, war das Verhältnis des Verbandes zu den Behörden, der Polizei, zur kommunalen politischen

Führung - vor dem Hintergrund der Einstellung der jeweils vor Ort lebenden Bevölkerung - von maßgeblicher Bedeutung. Auch blieb die nicht überall leicht zu bewertende Präsenz antirepublikanischer Organisationen ein maßgebender Faktor. Ausgangspunkt der Überlegungen ist dabei zunächst, wie sich der Status quo zum Zeitpunkt der Gründung des Reichsbanners darstellte: Gründungsort und Sitz des Verbandes war Magdeburg, die Hauptstadt der früheren Provinz Sachsen, in der auch der Stahlhelm beheimatet war. Eine zufällige Wahl des Standortes Magdeburg zu vermuten, geht aus verschiedenen Gründen fehl. Zum einen war Magdeburg wie Sachsen selbst eine Bastion des politisch-gesellschaftlichen Rückhalts jenes Teils der Mehrheitssozialdemokratie, der die geistige Ausrichtung des Reichsbanners bestimmte und aus der es die sozialdemokratischen Vertreter in den Wehrverband zog.[50] Die Wahl fiel sozusagen aus der Retrospektive auf einen Standort, der aus der Sicht der MSPD am ehesten zu einer von Sozialdemokraten dominierten und geprägten Organisation passte. Zum zweiten war es damit möglich, ein Gegengewicht zu örtlichen radikalen und extremistischen rechtsnationalen Verbänden, wie dem Stahlhelm oder dem in Halle ansässigen Verband „*Werwolf*" zu schaffen und gegebenenfalls eine bewaffnete Abwehraktion gegen Letztere durchzuführen.[51] Mit der „*Republikanischen Notwehr*", die sich im April 1923 gebildet und der sächsischen Polizei als Reservetruppe zur Verfügung gestellt hatte, fand sich eine führende Gruppe um die späteren Vorsitzenden des

---

[50] *Voigt, Carsten:* Kampfbünde und Arbeiterbewegung. Das Reichsbanner Schwarz-Rot-Gold und der Rote Frontkämpferbund in Sachsen 1924-1933, Köln 2009, S. 101.
[51] *Schumann, Dirk*: Politische Gewalt in der Weimarer Republik 1918-1933. Kampf um die Straße und Furcht vor dem Bürgerkrieg, Essen 2001, S. 210.

Reichsbanners, Otto Hörsing und Karl Höltermann, in Magdeburg zusammen, bevor es überhaupt zur Gründung des Verbandes selbst gekommen war. Hörsing amtierte seit 1920 als Oberpräsident der Provinz Sachsen und koordinierte im Jahr 1921 Hand in Hand mit dem preußischen Innenminister Carl Severing das Vorgehen gegen kommunistische Aufstände in Mitteldeutschland. Höltermann, wie Hörsing und Severing Sozialdemokrat, war regional durch seine leitende Funktion als Redakteur der „*Magdeburger Volksstimme*" bekannt. Dass der Empfang der *Republikanischen Notwehr* durch Hörsing und Höltermann letzten Endes zur Reichsbannergründung führte, war nicht zuletzt das Verdienst von Horst Baerensprung.[52] Der Rechtsanwalt war ein Mitbegründer der Republikanischen Notwehr, trat, so gesehen, als renommierter Kopf in das Reichsbanner ein und bestimmte dessen Geschicke als Geschäftsführer bis zum Verbot 1933 mit. Als überzeugter Republikaner und Reichsbannermitglied der ersten Stunde verteidigte er in der zweiten Hälfte der 1920er-Jahre Mitstreiter in zahlreichen Strafprozessen. Ab 1930 fungierte er zudem als Polizeipräsident von Magdeburg. Es ist wohl keine Übertreibung zu sagen, dass die Existenz der Republikanischen Notwehr eine von mehreren Auslösern für die Reichsbannergründung war. Die Miliz war auf den Regierungsbezirk Magdeburg beschränkt und agierte, von *Dirk Schumann* als „*eine nur zur Putschabwehr aufgestellte, im Übrigen funktionslose Organisation*"[53] dargestellt, in dieser Funktion wie viele andere vergleichbare Organisationseinheiten. Selbstverständnis und primärer Zweck eines Wehrverbandes dieser Art konnten entlang der örtlichen, regionalen Gegebenheiten unterschiedlich sein.

---

[52] *Ziemann*, Zukunft der Republik, S. 15.
[53] *Schumann*, Politische Gewalt, S. 211.

Die meisten dieser Verbände ließen sich unter die Kategorie der parteigebundenen Selbstschutzorganisation oder der republikanischen Hilfspolizeieinheit subsumieren. Besonders in den ersten Jahren, in welchen die Instabilität der Republik so deutlich wie kaum danach zutage trat, waren paramilitärische Truppen mit parteipolitischem, in der Regel sozialdemokratischem, Hintergrund zur Abwehr extremistischer Putschversuche keine Seltenheit. In München richtete die örtliche SPD eine „*Sicherheitsabteilung*" einzig für Sozialdemokraten ein, die sich zum Ziel setzte, Genossinnen und Genossen zu schützen und die reibungslose Durchführbarkeit der eigenen, sozialdemokratischen Veranstaltungen, sicherzustellen.[54] Im Volksmund „*Auergarde*" genannt, wurde die Einheit nach den Unruhen und der eskalierenden Gewalt gegen Ende der Münchner Räterepublik mehr denn je gebraucht. Ihre Gründung geht auf ihren Namensgeber, den SPD-Landesvorsitzenden Erhard Auer, aber auch auf die prägenden Eindrücke des Kapp-Lüttwitz-Putsches zurück. Daneben waren aber auch Deutschnationale in München überdurchschnittlich stark repräsentiert und institutionell organisiert. Die Tatsache, dass die NSDAP in München den Hitler-Ludendorff-Putsch mitorganisieren konnte und von einer städtischen Splitter- zur überregionalen und reichsweiten Protestpartei aufgestiegen war, macht deutlich, wie die politischen Verhältnisse in München lagen. Bayern lässt sich daher, anders als die Provinz Sachsen, jedenfalls nicht als die politisch-geistige Heimatregion des Reichsbanners bezeichnen. Insgesamt bleibt festzuhalten, dass die Gründung örtlicher Selbstschutzgruppen weit über Magdeburg und Sachsen hinausging. In der Lausitz gründete sich 1922 der „*Republikanische Frontkämpferbund*", dem, obwohl er von der SPD ins Leben gerufen

---

[54] ***Ziemann***, Zukunft der Republik, S. 13.

wurde, anders als in München alle bekennend republikanischen Kriegsveteranen beitreten durften.[55] Schlesische Republikaner hatten sich 1922 in Liegnitz, um ein Gegengewicht zum dortigen Stahlhelm zu bilden, zu einem „*Neuen Stahlhelm*" konstituiert und den Namen bewusst als Gegenpol zum nationalistisch-antisemitischen Frontkämpferverband gewählt.[56] Der Neue Stahlhelm bezog seine Mitglieder aus den Freien Gewerkschaften und sein Auftrag war es, Auftritte republikanischer Politiker, etwa den des DDP-Politikers und Pazifisten Ludwig Quidde, zu begleiten und bei unmittelbarer Gefährdungslage einzugreifen.

Wir haben es also mit Verbänden zu tun, deren Gründung in den meisten Fällen auf vor Ort ansässige Vertreter der Sozialdemokratie zurückging, aber nicht zwingend nur diesen eine politisch-geistige Heimat bot. Vielen Organisatoren war die Bedeutung des Zusammenschlusses und des Zusammenhalts republikanischer Kriegsteilnehmer über Parteigrenzen sowie politische Überzeugungen hinweg bewusst und erwünscht. Betont wurde jederzeit, dass man sich in einer Gemeinschaft unter Demokraten befand, die sich einig und bereit zeigte, sich gegen die Verunsicherung durch physische Übergriffe und den Terror auf der Straße zur Wehr zu setzen.

Bei der Überlegung, welche Stellung das Reichsbanner als Bindeglied zwischen Gesellschaft und Politik innehatte, ist das Verständnis der Beziehungen des Verbandes zur politischen Führungsebene und zu Behörden auch mit Blick auf strategisch wichtige Ämter notwendige Voraussetzung. Wer unterstützte

---

[55] ebd.
[56] s. Anm. 52).

das Reichsbanner in seinen gesellschaftspolitischen Bemühungen? Wer war imstande, etwaige, für die Arbeit in der Gefahrenabwehr wichtige Veränderungen anzustoßen oder schuf mögliche Strukturen, aus denen sich eine innere Stabilität hätte entwickeln können? Welche Möglichkeiten der Einflussnahme auf die Innenpolitik waren überhaupt gegeben? Wer verteidigte das Reichsbanner politisch gegen seine ideologischen Feinde? Welche Chancen zur Mitwirkung ergaben sich für das Reichsbanner? Wen erreichte das Reichsbanner mit seinem Wirken überhaupt? Es lohnt, zu aller erst bei der letzten Frage anzusetzen: Mitglied konnte jeder Mann im Erwachsenenalter werden, der sich zur Weimarer Republik und der demokratischen Staatsform bekannte. Später wurde das Eintrittsalter, aufgrund der Aufstellung des Jungbanners als Jugendorganisation, auf vierzehn Jahre heruntergestuft. Unter den Mitgliedern befanden sich auch, und das sei besonders betont, Vertreter ethnischer Minderheiten, etwa Juden, die, ungeachtet der innenpolitischen Entwicklung, vielerorts Verleumdungen und Verfolgungen ausgesetzt waren. Das Gebot der gegenseitigen Akzeptanz und der Gleichwertigkeit unabhängig von ethnischer Herkunft eines Mitglieds, das das Reichsbanner explizit in seiner Bundessatzung festgeschrieben hatte, sicherte jüdischen Mitstreitern gemeinschaftliche Solidarität und Schutz zu.[57] Die sozialen Gruppen, die sich durch das Reichsbanner vertreten fühlten, waren letztlich auch die, von denen sich der Verband und die Mitglieder selbst den größten Rückhalt versprachen. Anhänger dieser Gruppen, so veranschaulicht es Ziemann, waren nicht nur in Freien Gewerkschaften, sondern ebenso in christlichen Gewerkschaften, die es vermehrt in der

---

[57] *Archiv der sozialen Demokratie (FES)*: 4/RSRG, Sign. 49: Wegweiser 1929, S. 62 f.

Rheinprovinz, im Ruhrgebiet und in Oberschlesien gab, und im liberalen Bürgertum zu finden.[58] Auf oberster Ebene waren es republikanische Politiker, die dem Reichsbanner angehörten und ihn stützten: Die Mitgliedschaft von sechs Reichskanzlern, die des Reichstagspräsidenten Paul Löbe, zahlreicher Minister in den Kabinetten auf Reichs- und Landesebene, mehrerer Ministerpräsidenten und Oberbürgermeister sprechen eine klare Sprache. Zudem fand sich Unterstützung aus der Kommunalpolitik, in der Verwaltung und im Journalismus. Von den sechs Reichskanzlern waren Gustav Bauer, Hermann Müller und Philipp Scheidemann Sozialdemokraten, Zentrumsdemokraten waren Constantin Fehrenbach, Wilhelm Marx und Joseph Wirth. Eine für die Weimarer Republik aus heutiger Sicht beachtliche Entwicklung fand im Freistaat Preußen statt, in dem von Anfang der 1920er Jahre bis zum Preußenschlag 1932 zentrale Ziele des Reichsbanners politisch verwirklicht wurden. Die Reformpolitik des Ministerpräsidenten Otto Braun ist im republikanischen Vergleich in innenpolitischer und demokratiehistorischer Hinsicht für die Weimarer Demokratie beispiellos. Braun, den man aufgrund seiner Zugehörigkeit zur SPD den „Roten Zar von Preußen" nannte, war Mitglied des Reichsbanners. Hervorzuheben ist insbesondere seine Personpolitik, ohne die die Reformen nicht möglich gewesen wären.[59] Dabei stößt man in der Frage des Reichsbannereinflusses auf Politik und Behörden auf Personen wie Carl Severing, Albert Grzesinski, Wilhelm Abegg und Ferdinand Friedensburg. Sie alle trugen in ihren Schlüsselpositionen zur einer Politik des

---

[58] *Ziemann*, Zukunft der Republik, S. 19 f.
[59] *Clark, Christopher*: Preußen. Aufstieg und Niedergang 1600-1947, München 2008, S. 717 ff.

beherzten Durchgreifens gegenüber republikfeindlichen Kräften und zur personellen Neuordnung des Polizei- und Verwaltungsdienstes bei. Sie leisteten so einen wichtigen Beitrag, die innere Verfasstheit des preußischen Freistaates grundlegend und nachhaltig zu festigen. Severing bekleidete von 1920 bis 1926 das Amt des Innenministers und trieb unter Braun, wie oben beschrieben, die Demokratisierung im Staatsapparat in der Verwaltung und in Behörden voran. Er hatte sich vorher vermehrt als krisenerprobter Verständigungspolitiker zwischen Arbeiterschaft, Gewerkschaft und Polizei erwiesen. Dass er entscheidend dazu beitrug, den Widerstand gegen den Kapp-Lüttwitz-Putsch zu organisieren, hatte ihm viel Sympathie von verschiedenen Seiten eingebracht. Seine ausgewogene Strategie, inneren Konflikten nur so hart wie nötig zu begegnen und seine eher ausgleichende Art der Führung gab ihm oft die Möglichkeit, Gegenspieler an einen Tisch zu bringen. So schaffte er es, ein intaktes Verhältnis zu Angehörigen der Reichswehr zu unterhalten und sie temporär für das Staatswohl einzubinden. Das Verhältnis zum Reichsbanner war eher schwierig und konfliktreich, da es dem Selbstverständnis des Verbandes entsprach, als reguläre Hilfspolizeitruppe zu dienen. Severing sah den Vorteil, bei Bedarf auf einen vertrauenswürdigen Wehrverband zurückgreifen zu können, akzeptierte aber den Anspruch des Reichsbanners, zum festen Truppenkontingent des Staates zu gehören, nicht.[60] Die Abgabe von Kompetenzen kam für Severing nicht infrage. Trotz einiger Rückschläge, wozu der Fehlversuch, die DVP für den Republikschutz zu gewinnen, zählt, war das Vertrauen Brauns in ihn groß. Severings Erfolg, die Republiktreue der Mitarbeiter und

---

[60] *Elsbach*, Reichsbanner, S. 105 ff.

ihre Effizienz auf eine breite Grundlage zu stellen, war unübersehbar.[61] Er umgab sich mit Mitarbeitern, die ausnahmslos republikanischen Parteien angehörten. Wie auch Wilhelm Abegg, der als Mitglied der DDP und des Reichsbanners seit 1907 im preußischen Staatsdienst tätig war. Er wirkte sieben Jahre als Regierungsrat am Berliner Polizeipräsidium, bis er 1923 als Ministerialdirektor die Polizeiabteilung des Innenministeriums leitete. Abegg und Severing waren die Schlüsselfiguren für die Umwandlung der monarchistisch eingestellten Polizei in eine Behörde, die sich dem Weiterbestand der Republik verpflichtet fühlte. Unter anderem geht der Aufbau der Schutzpolizei, deren republikanische Schulung und Ausrüstung auf beide zurück.[62] Die Schupo besteht noch heute in anderer Form. Zum Vergleich: Die gezielte Besetzung des Justizsektors mit republikanischen Beamten war dagegen bis zum Ende der 1920er-Jahre noch nicht abgeschlossen. Severing trat 1926 aufgrund gesundheitlicher Probleme zurück, sodass Grzesinski, ein sozialdemokratischer Republikaner, ihm nachfolgte und an dessen Arbeit anknüpfte.[63] Die letzte prägende Persönlichkeit in der Aufzählung ist Ferdinand Friedensburg, der in seiner Funktion als Polizeivizepräsident Berlins für sein entschlossenes wie kompromissloses Vorgehen gegen extremistische Kräfte aller Seiten bekannt wurde und zuvor als

---

[61] *Clark,* Preußen, S. 718 ff.

[62] *Leßmann-Faust, Peter*: Die preußische Schutzpolizei in der Weimarer Republik. Streifendienst und Straßenkampf, Düsseldorf 1989, S. 91 f.

[63] *Krause-Vilmar, Dietfrid:* Albert Grzesinski und die Neuordnung der preußischen Polizei nach 1924, in: *Braune, Andreas/Dreyer, Michael/Elsbach, Sebastian*: Vom drohenden Bürgerkrieg zum demokratischen Gewaltmonopol (1924-1933), Stuttgart 2021, S. 209-229, hier S. 212 f.

westpreußischer Landrat den Interessen revanchistischer Groß-
agrarier Einhalt geboten hatte. Er war, ähnlich wie Abegg, ein
erfahrener Verwaltungsmann und gehörte der DDP und dem
Reichsbanner an. Im März 1927 wurde Friedensburg zum Kas-
seler Regierungspräsidenten ernannt. Nach dem Zweiten Weltkrieg amtierte er als stellvertretender Oberbürgermeister Berlins. Friedensburg ist eine weitere Personalie, die verdeutlicht,
wie konsequent die Koalitionäre der republikanischen Parteien
unter der Führung Brauns und erheblicher Mitgestaltung von
Reichsbannermitgliedern die Verteidigung gegen die Bedrohung durch Nationalsozialisten und Kommunisten in die Hand
nahmen. Braun band seine Mitstreiter unabhängig von der Par-
teizugehörigkeit an sich, indem er sie in entscheidender Funktion für die gemeinsame Aufgabe mobilisierte und sie so am
Ausbau der inneren Sicherheit beteiligte.

Was verrät der politische Fortschritt hinsichtlich der Demokratisierung und der Wehrhaftigkeit Preußens nach innen nun über
den politischen Einfluss und die gesellschaftliche Stellung des
Reichsbanners? Der schwarz-rot-goldene Veteranenverband
war auf unteren Entscheidungsebenen, so in der sozialdemokratischen Arbeiterschaft und in Gewerkschaften der Industrieregionen durch Ortsgruppen gut vernetzt. Politischen Einfluss
hatte er aber in erster Linie da, wo republikanische Politiker
und Reichsbannermitglieder in Schlüsselpositionen vertreten
waren. Sein sonstiger Einflussbereich waren die Straßen und
Bezirke, die geographisch den Milieus der republikanischen
Parteien zuzuordnen waren. Magdeburg ist an der Stelle als Pa-
radespiel anzuführen, hat aber insoweit kein Alleinstellungs-
merkmal. Die gesellschaftliche Bedeutung und Reputation des
Reichsbanners zeigt sich schließlich daran, wie es in die Gesellschaft hineingewirkt hat, welche Kontakte und Allianzen es
geknüpft beziehungsweise über die Zeit gepflegt hat. Ein sehr

intaktes Verhältnis bestand dabei auch zu nichtpolitischen oder gruppenbezogenen Veteranenverbänden, wie z. B. dem jüdischen Frontkämpferbund. *Ursula Büttner* führt in ihrem vielbeachteten Standardwerk aus, dass Reichsbanner und JFB oftmals im gemeinsamen Interesse, etwa bei Saal- und Versammlungsschutz, zusammenarbeiteten.[64] Allgemein ist festzuhalten, dass das Bild jüdischer Institutionen innerhalb des Reichsbanners ein überaus positives war. Die Interessen jüdischer Verbände fanden, wie auch die Sorgen über den politisch aufgeladenen und hemmungsloser auftretenden Antisemitismus, Raum in Gesprächen und besonders in der publizistischen Reichsbannerarbeit.[65] Den gesamtgesellschaftlichen Anspruch, Republikaner jeder sozialen Herkunft für sich zu gewinnen, spiegelt die Tatsache wider, dass es im Verband pazifistische Strömungen gab, die mit Vertretern des Adels und ranghohen, nun aber demokratisch eingestellten Militärs eine gemeinsame Heimat fanden. Die demokratische Gesinnung und mit ihr das republikanische Bekenntnis war bei Mitgliedern jedweder gesellschaftlichen Sozialisierung vorzufinden. Das waren die zentralen Kriterien, nicht die soziale Stellung, die ein nebensächlicher Aspekt für den Eintritt in das Reichsbanner geworden war. Ruft man sich zudem das Reservoir gewachsener Strukturen republikanischen Selbstschutzes auf

---

[64] ***Büttner, Ursula****: Weimar. Die überforderte Republik 1918-1933: Leistung und Versagen in Staat, Gesellschaft, Wirtschaft und Kultur, Stuttgart 2008, S. 290.
[65] ***Archiv der sozialen Demokratie (FES)***: 4/RSRG, Sign. 47, Illustrierte Reichsbannerzeitung, Magdeburg, 6.September 1928: „Monarchismus und Nationalismus. Graf Westarp, der Führer." Von Joseph Wirth; vgl. ***Ders.***: 4/RSRG, Sign. 37-45, „Wahlaufruf an das deutsche Volk" (1924).

dem gesamten Reichsgebiet ins Gedächtnis sowie die institutionelle Vorarbeit des Republikanischen Reichsbundes, der bis 1933 parallel weiterbestand, verwundert die republikweite Monopolstellung des Reichsbanners als Veteranenverband in der Gesellschaft nicht.

3.4 Das Reichsbanner als institutionalisiertes Element der wehrhaften Demokratie

Die denkbar schlechte Ausgangsposition, auf eine politische Kultur hinzuwirken, die sich dezidiert an dem Ideal einer pluralistischen Gesellschaftsordnung und an einer gesunden demokratischen Streitkultur orientiert, ist eingangs behandelt worden. Die Gesellschaft trug unverarbeitete Lasten des Krieges mit sich herum, die historisch unterschiedlich gedeutet und im Kontext politischer Krisensituationen gegen das Neue und das Ungewohnte, letztlich auch das Ungewollte, instrumentalisiert wurden.[66] Eine nachträgliche, breit angelegte Aufarbeitung erfolgte nicht. Das führte dazu, dass persönliche, durch den Kriegsausgang erfahrene Verluste als persönliche Demütigungen interpretiert wurden. Damit assoziierte man die Demokratie als etwas Aufgezwungenes, mit dem man sich nicht versöhnen mochte und welche nur als ein zu überwindender Übergang zu einer neueren, besseren Zeit verstanden wurde.[67]

---

[66] *Tooze, Adam*: Sintflut. Die Neuordnung der Welt 1926-1931, München 2017, S. 395 f.; vgl. *Schumann, Dirk*: Nachkriegsgesellschaft. Erbschaften des Ersten Weltkriegs in der Weimarer Republik, in: Politik und Zeitgeschichte (18-20/2018), abgerufen am 10.12.2022.
[67] *Führer, Daniel*: Alltagssorgen und Gemeinschaftssehnsüchte. Tagebücher der Weimarer Republik (1913-1934), in:

Die in der Öffentlichkeit verbreitete Annahme, dass die Republik aufgrund der wenigen Bürger, die aktiv für sie und die Demokratie einzustehen bereit waren, abgeschafft werden konnte, wirft in Rückbezug auf das Thema der Arbeit die Frage auf, was das Reichsbanner bewirkt hat, um die Weimarer Demokratie wehrhafter zu machen. Kann man sie trotz ihres Scheiterns überhaupt als wehrhafte Demokratie bezeichnen?

In den Bereich der exekutiven Maßnahmen gegen die Bedrohung der demokratischen Ordnung fällt zunächst einmal der staatliche Republikschutz, dessen Beginn vor der Reichsbannergründung datierte. Auf dem Gebiet des Republik- und Verfassungsschutzes ist das erste Republikschutzgesetz aus dem Jahr 1922 von zentraler Bedeutung, das auf Betreiben überzeugter Republikaner ausgearbeitet und verabschiedet wurde. Anlass dafür waren die politischen Morde an republikanischen Persönlichkeiten und Repräsentanten der Reichsregierung - die Fälle Erzberger und Rathenau wurden erwähnt. Eng mit der Entstehung und Verabschiedung des Gesetzes verbunden sind Gustav Radbruch und Joseph Wirth. Ersterer genießt als sozialdemokratischer Reichsjustizminister und als einer der einflussreichsten sowie renommiertesten Vertreter seines Fachs hohes Ansehen als derjenige, der das Gesetz hauptverantwortlich ausarbeitete. Wirth trug durch seine parlamentarische Überzeugungsarbeit eine entscheidende politische Mitverantwortung dafür, dass das Gesetz im Reichstag durchgesetzt wurde. Weil die Einrichtung eines Staatsgerichtshofes gegen die Verfassung verstieß, bedurfte es einer Zweidrittelmehrheit zu deren Änderung, was in erster Linie das deutschnationale

---

Dreyer, *Michael/Braune/Andreas* (Hrsg.): Weimarer Schriften zur Republik, Stuttgart 2020, S. 166 f.

Spektrum zu heftigem Widerspruch motivierte.[68] Die hierfür verantwortliche, unter Republikanern weit verbreitete Stimmung fasste Wirth folgendermaßen zusammen:

> *„Da steht der Feind, der sein Gift in die Wunden eines Volkes träufelt - Da steht der Feind - und darüber ist kein Zweifel: dieser Feind steht rechts. "*[69]

Dieser republikanischen Rhetorik lag zugrunde, dass die existenzielle Bedrohung von Republik und Demokratie nach den Erfahrungen der Umsturzversuche, der revanchistischen Agitationsweise und der mörderischen Gewalttaten in deutschnationalen und völkischen Kreisen gesehen wurde.[70] Die Konsequenz aus der Verabschiedung des Republikschutzgesetzes war, dass politische Organisationen, die sich gegen die Verfassung und die republikanische Staatsform richteten, verboten wurden. Das Verbot umfasste das Recht, sich zu versammeln, Schriftgut zu drucken und zu verbreiten. Für das Reichsbanner stellte dieser Umstand in den ersten Jahren seines Bestehens eine gewisse Entlastung dar, wobei sich seine Kernaufgaben dadurch nicht einfacher gestalteten. Die DNVP, die das Gesetz agitatorisch bekämpfte, blieb, anders als die NSDAP, von dem Verbot unberührt, sodass sie ihren zersetzenden Ton und ihre Rolle in Wahlkämpfen fortführen konnte.[71] 1925 trat sie in eine bürgerliche Koalition mit der DVP und der Bayerischen Volkspartei unter Führung des Zentrums ein. Der SPD blieb nur der

---

[68] **Möller,** Die Weimarer Republik, S. 161.

[69] **Ders**.: Die Weimarer Republik. Demokratie in der Krise, München 2018, S. 215.

[70] **Büttner,** Weimar. Die überforderte Republik, S. 191 f.

[71] **Jasper, Gotthard**: Der Schutz der Republik. Studien zur staatlichen Sicherung der Demokratie in der Weimarer Republik 1922-1930, Tübingen 1963, S. 37.

Gang in die Opposition, womit dem Reichsbanner, das vorher durch seine geschlossene Haltung und seinen resoluten Umgang mit dem politischen Extremismus seine Einigkeit bewiesen hatte, die schwerste Bewährungsprobe bevorstand. Dass das Zentrum eine Koalition mit der DNVP einem Bündnis mit der SPD vorzog, stellte das Selbstverständnis des sozialdemokratisch dominierten Verbandes, beide radikalen Pole des Parteienspektrums zu bekämpfen, infrage.

Was bedeutete nun dieses temporäre Auseinanderbrechen der „*Weimarer Koalition*" für das Reichsbanner in seiner Eigenschaft als parteienübergreifendes, demokratisches Bollwerk? Um dieser Frage auf den Grund zu gehen, soll zunächst näher auf die Strategie, die der Verband für die Auseinandersetzung mit seinen ärgsten, ideologischen Gegnern wählte, eingegangen werden. Zu den Bausteinen dieser Strategie zählt, jenseits der öffentlichen Agitation bei Wahlen, Kundgebungen etc. und der Präsenz durch physische Wehrhaftigkeit, vor allem die publizistisch geführte Auseinandersetzung über die Medien. Man führte einen erbitterten Kampf über die politische Deutungshoheit, die sich über tagespolitische Ereignisse hinaus erstreckte. So war ein wiederkehrendes Motiv in diesem Zusammenhang das des geistigen Brandstifters, als den man die DNVP und die NSDAP identifizierte. In der Verbandszeitschrift wurden die Politiker dieser Parteien mit einschlägigen Zitaten angeprangert, es wurde von Übergriffen und Gewalttaten berichtet oder die neueste antirepublikanische Rhetorik aufgedeckt.[72] Für den publizistischen Umgang mit der extremen Rechten kam es der Reichsbannerpresse vor allem darauf

---

[72] ***Archiv der sozialen Demokratie (FES)***: 4/RSRG, Sign. 47, Illustrierte Reichsbanner-Zeitung, Magdeburg,

an, der Öffentlichkeit durch eine transparente, prägende Berichterstattung den Kontrast zwischen dem vorbildlichen Verhalten der eigenen Mitglieder und dem gesellschaftsverachtenden Erscheinungsbild der extremen Rechten deutlich zu machen. Leitender Gedanke war dabei, abseits der internen Kommunikation, gezielt Nichtmitglieder zum Nachdenken über vernunftrepublikanische Motive zu bringen. Dieses Ziel, gesellschaftliches Bewusstsein durch öffentlichkeitswirksame Berichte, die von republikanischen Medien rezipiert wurden, zu schärfen, lässt sich auch aus der *„defensive Gewaltstrategie"* herleiten, die, wie *Elsbach* schreibt, der Satzung des Verbandes entspricht.[73] So suchte der Verband nicht gezielt die körperliche Auseinandersetzung, sondern begrenzte sich in seinen technisch vorhandenen Möglichkeiten selbst, auch wenn seine Wurzeln, daran sei erinnert, im soldatischen Milieu lagen. Um aber das Bild eines gefestigten Bollwerks zur Wahrung der Demokratie und der inneren Ordnung nach außen zu verdeutlichen, musste der Fokus auch auf die physische Gefahrenabwehr gelegt werden, um damit den extremistischen Aggressoren gegenüber Abwehrbereitschaft zu signalisieren. Eigentlicher Verhaltenskodex war jedoch, dass Aktive, im Dienst stehende Kameraden, sich unter keinen Umständen provozieren oder vermeidbare Konflikte eskalieren lassen durften. Sie waren gehalten, sich mit ihrer Kernaufgabe zu begnügen: Den Raum um zu schützende Personen, die im Zweifelsfall hohe Amtsträger waren, abzusichern. Doch war eine solche Strategie angesichts der aufgeheizten Stimmung und der gewaltaffinen Öffentlichkeit realistisch? Reichsbannerleuten brachte

---

05. Mai 1928: „Deutschnationale Versprechen - und Taten!", S. 275.

[73] *Elsbach*, Reichsbanner, S. 22; vgl. *Schumann*, Politische Gewalt, S.254-269.

diese Idealvorstellung mit der Zeit den fälschlichen Ruf der „*Pressböcke*" ein, die gegen die Schlägertrupps von rechts und links selbstlos ihre Knochen hinhielten. Spätestens als sich die Straßenkonflikte durch das Auftreten der SA verschärften, reichte diese passive Haltung nicht mehr aus. Durch die Trennung der Stammformationen (Stafo) von den, für extremere Auseinandersetzungen geschulten Schutzformationen (Schufo) passte sich das Reichsbanner organisatorisch an die neuen Verhältnisse an. Hinzu kamen weitere Belastungen: So brachte die Mitgliedschaft und der aktive Dienst, wie auch in anderen Wehrverbänden, Verpflichtungen mit sich, die Interessierte genauer abwägen ließen, ob ein Eintritt lohnenswert war. Die Anschaffung einheitlicher Uniformen, Waffen und Munition erfolgte auf eigene Kosten und die Mitgliedschaft war kostenpflichtig. Auch konnten Mitglieder zügig von einem Verbandsgericht abgeurteilt und entlassen werden. Die übrigen Sanktionsmittel, so stellt *Elsbach* klar, waren aufgrund des Vereinsstatus allerdings kaum praktikabel, wohingegen sich die Regelungen einer finanziellen Entschädigung und Versorgung im Fall eines erlittenen Invalidendaseins oder des Todes im Dienst eher spärlich gestalteten.[74] Was war also die Motivation des Engagements? Das Innenleben des Verbandes und sein Vereinsleben sind da schon aufschlussreicher und lassen eher Rückschlüsse auf eine ausgeprägte Wehrhaftigkeit im Bewusstsein der Mitglieder zu. Danach sind die Motive für eine Mitgliedschaft in der politischen Überzeugung bzw. der Einigkeit über die republikanische Zukunftserwartung, in ideellen Grundeinstellungen eines Nationalrepublikanismus sozialdemokratischer Prägung, in verschiedenartiger Milieubindung und in den Vorzügen des Gemeinschaftslebens zu finden.

---

[74] ebd., S. 23.

Diese gemeinsamen ideellen nationalrepublikanischen Leit-
planken sind charakteristisch für die geistige Wehrhaftigkeit
des republikanischen Spektrums der Gesellschaft. Hinzu kamen eine parteiübergreifende Einigkeit in der Einschätzung der
politischen Lage Deutschlands, eine eigenständige Deutung
des Weltkrieges im Rahmen einer republikanischen Kriegserinnerung, die durch Literaten und Publizisten des Reichsbanners öffentlich und bewusst konträr zu Formen einer deutschnationalen Mythenbildung vertreten wurde.[75] An der
öffentlichen Verbreitung dieser Überzeugungen beteiligten
sich republikanische Persönlichkeiten wie die Verbandsmitglieder Berthold von Deimling und Paul von Schoenaich, welche sich als ehemalige Generäle des deutschen Heeres nach
dem Krieg dem paneuropäischen Pazifismus zuwandten.

Im weiteren Verlauf begann allerdings eine entscheidende
Grundlage für die Wehrhaftigkeit des Reichsbanners, nämlich
die Geschlossenheit zwischen Sozialdemokraten, Liberalen
und Zentrumsdemokraten, auf den unteren Organisationsebenen im Zuge der Spaltung der republikanischen Parteien auf
Reichsebene, zu bröckeln. Damit ist auch die oben gestellte
Frage, welche Folgen die Auflösung der Weimarer Koalition
für das Reichsbanner als republikanisches Bündnis hatte, beantwortet. Es ließ sich nicht verhindern, dass dem reichsweit
größten überparteilichen Wehrverband in der Öffentlichkeit jener überparteiliche Charakter infolge des Einflusses der neuen
bürgerlichen Rechtskoalition abgesprochen wurde. Bezeich-
nend dafür war die Tatsache, dass sich das Reichsbanner- und
das deutschnationale Spektrum journalistisch und publizistisch

---

[75] *Ziemann*, Veteranen, S. 72 ff. und S. 93 ff.

bis aufs Blut bekämpften.[76] Die Illustrierte Reichsbannerzeitung und die Bundeszeitung „*Das Reichsbanner*" bezweckten, neutralen Betrachtern die Regierungsunfähigkeit der Parteien der politischen Extreme vor Augen zu führen. Ziel war, die nicht vorhandene Problemlösungskompetenz ihrer Vertreter im Kabinett bei den drängenden sozialen, innen- und außenpolitischen Problemlagen deutlich werden zu lassen.[77] Die sich verschärfende Verleumdung gesellschaftlicher Gruppen, im Besonderen der Jüdinnen und Juden durch die deutschnationale und völkische Presse nutzte das Reichsbanner als Beleg dafür, dass eine Rhetorik, die auf Hass, Erniedrigung und Spaltung aufbaue, das Gegenteil einer nationalen Gesinnung zeige.[78] Ein letztes grundlegendes Charakteristikum der Wehrhaftigkeit des Reichsbanners bestand dementsprechend darin, für eigene Milieus ein patriotisches Image zu pflegen und in der öffentlichen Wahrnehmung die Wahrung nationaler Interessen als ureigene Domäne des Nationalrepublikanismus für sich zu beanspruchen und zu behaupten. Zeitweilig war dem durchaus Erfolg beschieden, wie die schwindende Repräsentation des Stahlhelms in der Öffentlichkeit und die anhaltende Schwäche der DNVP ab 1928 offenbaren.[79] Solange Christ- und Sozialdemokraten mit Links- oder gar Rechtsliberalen in einem politischen Bündnis agierten, verfügte man über ein

---

[76] **Ders.**, Zukunft der Republik, S. 33 f.; vgl. **Elsbach**, Reichsbanner, S. 383 ff.

[77] **Archiv der sozialen Demokratie (FES)**: 4/RSRG, Sign. 37-45, „Wahlaufruf an das deutsche Volk" (1924).

[78] ebd.

[79] **Schumann**, Politische Gewalt, S. 226 ff.; **Winkler**, Schein der Normalität, S. 738.

Wählerspektrum, das breit genug war, um die politischen Extreme als Randerscheinung im Zaum halten zu können.[80] Das zeigen abschließende Zeilen des Grußbeitrages des vom Reichsbanner überzeugten Reichskanzlers a. D. Hermann Müller zur Verfassungsfeier des Verbandes 1926 in Nürnberg:

> *„Die einzig mögliche Staatsform ist für Deutschland heute die Republik. Das Reichsbanner Schwarz-Rot-Gold hat die Frontkämpfer der Verfassungsparteien zusammengefaßt zur Verteidigung der Republik. So ist das Reichsbanner Schwarz-Rot-Gold die staaterhaltende Freiwilligen-Organisation der deutschen Republikaner. Wer es gut meint mit dem Wiederaufbau der deutschen Wirtschaft und mit der Erhaltung eines einigen Deutschen Reiches, der wird hoffen, daß das Reichsbanner Schwarz-Rot-Gold nicht im Ernstfall die Republik, gegen die staatszerstörenden und volkszersetzenden Elemente der äußersten Rechten und der äußersten Linken zu verteidigen braucht. Sollten diese Herrschaften es jedoch anders wollen, so wird das Reichsbanner Schwarz-Rot-Gold bereit sein, die Republik zu verteidigen, sei es gegen wen es sei."*[81]

---

[80] **Rohe**, Reichsbanner Schwarz-Rot-Gold, S. 281.
[81] **Archiv der sozialen Demokratie (FES)**: 4/RSRG, Sign. 49: Gelbes Heft der Reichsbannergauleitung Franken zur Verfassungsfeier in Nürnberg am 14. und 15. August 1926, Beitrag des MdR Hermann Müller („Reichsbanner und Staatserhaltung"), S. 31 f.

4. Soziale Milieus: Überparteilichkeit und gesellschaftliche Konsensfähigkeit des Reichsbanners

4.1 Arbeiterschaft, Bürgertum, konfessionelle Gruppen und Minderheiten

Die Erörterung, inwiefern dem Reichsbanner ein Mobilisierungserfolg in den unterschiedlichen sozialen Milieus zuerkannt werden kann, ist eine zentrale, sich aufdrängende Fragestellung der Reichsbannerforschung - und sie ist weiterhin nicht final geklärt. *Karl Rohe*, *Sebastian Elsbach* und *Sebastian Ziemann* sind diejenigen, auf deren Ergebnisse man sich hinsichtlich der Untersuchung der sozialen Milieus, aus denen die Mitglieder des Verbandes stammten, mit guten Gründen stützen kann. Sicherlich ist die Studie *Rohes* nicht die, die den aktuellen Forschungsstand in aller Vollständigkeit wiederspiegelt. Aber doch lohnt es, sich mit der Auswahl, der Deutung und der Rezeption des ihm zu Verfügung stehenden Quellenbefundes auseinanderzusetzen. Dies gilt umso mehr, will man dem Anspruch des Verbandes auf Eigenständigkeit und Überparteilichkeit sowie seinen Grenzen in der Verbindlichkeit und Mobilisierung auf den Grund gehen. Das Ergebnis würde Aufschluss über die gesellschaftliche Konsensfähigkeit des Reichsbanners über die Milieugrenzen hinweg geben. Als Indikator für diese Konsensfähigkeit dient die Repräsentanz der Angehörigen solcher Milieus, verschiedener Berufsgruppen und politischer Parteien auf den verschiedenen Organisationsebenen, aber genauso auch die Anerkennung und Einbindung religiöser und ethnischer Minderheiten, wie zum Beispiel der Mitglieder jüdischer Abstammung. Eine detaillierte, präzise Ergebnisse liefernde Untersuchung kann, dies hat selbst *Els-*

bach in seiner siebenhundert Seiten langen Abhandlung erfahren müssen, auch im Rahmen der vorliegenden Arbeit nicht geleistet werden. Der gerade beschriebene Ansatz ist es gleichwohl wert, unter den Umständen der verfügbaren Quellen, verfolgt zu werden.

Die Wunschvorstellung, eine *„ Volksgemeinschaft aller Republikaner"*[82] zu schaffen, ist durch die Arbeit *Elsbachs* bekannt geworden. Das Zitat geht auf das Zentrumsmitglied Johannes Fest, einem Mitglied des Berliner Gauvorstand im Reichsbanner, zurück. Abseits eines Deutungsversuchs des belasteten Begriffs *„Volksgemeinschaft"*, auf dessen Rolle im Sprachgebrauch der Nationalsozialisten nicht näher eingegangen werden muss, wird die Äußerung als Folge des Werbens des Zentrumsflügels um Joseph Wirth für ein gemeinschaftliches republikanisches Miteinander gesehen.[83] Ähnliche Appelle waren aus allen republikanischen Parteien zu vernehmen, sodass es müßig wäre, sie hier aufzulisten. Belegt werden damit jedoch die Erkenntnis und das Bewusstsein dafür, dass Befindlichkeiten und Eigenarten aufeinanderprallender sozialer Milieus konträre Sichtweisen und Konflikte zutage förderten, die überwunden werden mussten. Insbesondere in der Anfangszeit, in der über Konsens und Dissens innerhalb des Verbandes lebhaft debattiert wurde, betonte man im Wissen um die Einigkeit im Ganzen umso mehr das Verbindende. Im Wesentlichen sind es drei Kernmerkmale, die das Reichsbanner in seinem Bemühen um Einigkeit und Eigenständigkeit beschäftigten.

---

[82] *Elsbach*, Reichsbanner, S. 129: *„Zentrum und Reichsbanner"* von Johannes Fest (Mitglied des Berliner Gauvorstandes), in: RB-Prenzlauer Berg 1928, S. 14 f.
[83] ebd., S. 129.

Die *soziale Struktur und Einbindung sozialer Milieus*, der *Anspruch der Überparteilichkeit* und der *Politisierungsgrad*. Die Einbindung der DDP und des Zentrums gelang - wenn auch regional stark schwankend trotz überwältigender Dominanz der Arbeiterschaft - nicht nur auf den oberen Verbandsebenen.[84] Selbst 1929 finden sich nicht nur im Bundesvorstand noch Mitglieder aus allen drei Parteien, die ein großes Spektrum an Berufsgruppen abdeckten und auf vielen Organisationsebenen wirkten.[85] Sie fanden sich im kaufmännischen Bereich, im öffentlichen Dienst, im Schulwesen, im Journalismus und im Verlagswesen, in der Verwaltung, in der Kommunalpolitik wieder, prägten die Republik als hohe Funktionäre im Polizeiwesen, als Reichstags- und Landtagsabgeordnete und als Funktionsträger auf Gau- und Bezirksebene. Sie vertraten Verbände der Volksfürsorge sowie der Land-, Metall, und Eisenbahnarbeiter.[86] Die Zusammenarbeit funktionierte über Milieugrenzen hinweg. Dies ist deshalb von Belang, weil dem falschen Vorwurf, das Reichsbanner sei ein genuin sozialdemokratischer Verband gewesen und habe zum Ende nur noch aus Sozialdemokraten bestanden, in der Forschungsdebatte über sein Scheitern eine hohe Bedeutung zukommt.[87] So ist es *Rohe*, der infrage stellt, ob der ‚*einfache Mann*‘, der in der Stafo organisiert war, die im Gründungsaufruf verankerte Identifikation mit dem republikanischen Staat und der

---

[84] **Voigt, Carsten:** Kampfbünde und Arbeiterbewegung, S. 136 f.; vgl. **Mintert, David Magnus**: „*Sturmtrupp der Deutschen Republik*". Das Reichsbanner Schwarz-Rot-Gold in Wuppertal, Wuppertal 2002, S. 29-31.

[85] **Archiv der sozialen Demokratie (FES)**: 4/RSRG, Sign. 49: Wegweiser 1929, Vorstandsverzeichnis, S. 78 f.

[86] ebd.

[87] **Ziemann**, Zukunft der Republik, S. 22.

parlamentarischen Demokratie vorbehaltlos verinnerlicht hatte. Denn es gab, so merkt auch *Elsbach* an, durchaus Stimmen einzelner prominenter Reichsbannerfunktionäre, die einer autoritäreren Ausrichtung der Republik nahestanden.[88] Derartige Denkweisen gab es zwar in allen republikanischen Parteien. Gleichwohl befanden es überzeugte Republikaner wie Joseph Wirth oder Hermann Müller für nötig, ihre 1,5 Millionen starke und auf zweiunddreißig Gaue verteilte Schar von Mitstreitern, angesichts „*Fatalismus*" und „*wachsender Staatsverdrossenheit*" an die gemeinsamen Ideale zu erinnern.[89] Zudem, so zeigt *Rohe*, gab es unterschiedliche Auffassungen darüber, ob die primäre Aufgabe des Verbandes die Förderung republikanisch-demokratischen Gedankenguts oder die Ausrichtung als Kampfverband sei.[90] Gleichzeitig sorgten Auftreten und Sprache nach innen wie nach außen für Unmut bei Kritikern wie Carl v. Ossietzky, die in dem durchdringenden militärischen, nationalrepublikanischen Habitus ein rückwärtsgewandtes Verständnis politischer Agitation verstanden.[91] Zwar entsprachen Abweichungen von dem durch die Reichsbannerpublizistik nach außen getragenen nationalrepublikanischen Selbstverständnis der Normalität eines politisch und gesellschaftlich heterogen zusammengesetzten Verbandes. Doch stellte sich die milieubezogene Heterogenität als Stärke und Schwäche zugleich heraus. Denn die Breite des im Verband vertretenen gesellschaftlichen Spektrums hatte aufgrund der Konkurrenz partikularistischer Denkweisen das Potenzial, der Pflege des nationalrepublikanischen Gründungsversprechens hinderlich zu sein. Wie in einem Brennglas lässt sich dies in

---

[88] *Winkler,* Schein der Normalität, S. 383.
[89] *Rohe*, Reichsbanner Schwarz-Rot-Gold S. 261.
[90] ebd., S. 260.
[91] *Ziemann*, Veteranen, S. 89 ff.

der Arbeiterschaft und bei den Sozialdemokraten veranschaulichen, die weit über achtzig Prozent der Mitglieder umfassten.[92] Einige lassen sich konkurrierenden Gruppen, wie dem Hofgeismarer Kreis zuordnen. Diesem Zirkel national gesinnter Jungsozialisten gehörten Franz Osterroth, Karl Bröger, Carlo Mierendorff, und Theodor Haubach, die auch für das Reichsbanner in führenden Funktionen mitwirkten, an.[93] Zur prozentualen Stärke der Arbeiterschaft, deren Anteil als überaus hoch bemessen wird, lassen sich keine präziseren Angaben machen als die, die der Reichskommissar für die Überwachung der öffentlichen Ordnung (RKO) und Reichsbannermitglieder verlautbarten. Allerdings werden längst nicht alle Mitglieder aus der Arbeiterschaft der SPD zugerechnet. Eine Mitgliederstatistik, die den Berufsstand oder die Konfessionszugehörigkeit überblickend darstellt, ist nicht überliefert. *Elsbach*, *David Magnus Mintert und Ulrich Schröder* belegen aber übereinstimmend, dass die Parteilosen unter den Mitgliedern des Verbands einen beträchtlichen Teil aller Mitglieder ausmachten.[94] Walter Röber, der als Sozialdemokrat ein Mitbegründer des Reichsbundes der Kriegsbeschädigten, ein Mitglied des Gauvorstandes Magdeburg-Anhalt und des Bundesvorstandes im Reichsbanner war, spricht von einem Anteil der Parteilosen von etwa fünfundzwanzig Prozent. Auf welche Quellen er sich

---

[92] **Rohe**, Reichsbanner Schwarz-Rot-Gold, S. 266.

[93] **Winkler**, Schein der Normalität, S. 378.

[94] **Elsbach**, Reichsbanner, S. 32; vgl. **Mintert**: „*Sturmtrupp der Deutschen Republik*", S. 30 sowie **Schröder**, **Ulrich**: Aus dem Innenleben eines republikanischen Wehrverbandes. Der Ortsverein Vegesack und Umgegend des Reichsbanners Schwarz-Rot-Gold 1924-1933, in: Bremisches Jahrbuch 92 (2013), S. 294 ff.

stützte, ist unklar.[95] Im Fall der DDP und des Zentrums verhält es sich so, dass beiden Parteien jeweils etwas weniger als zehn Prozent zugewiesen wird. *Rohe* bemerkt in seiner Arbeit zur Mitgliederaufteilung einleitend, dass dem zeitweiligen Bundesvorstandsmitglied Karl Schreiner, einem Zentrumspolitiker, keine Statistik bekannt gewesen sei, die die parteipolitische Zusammensetzung des Reichsbanners belastbar dokumentiert hätte.[96] Ob es eine solche überhaupt gab, sie geheim gehalten, nachträglich vernichtet wurde oder schlicht nicht existierte, lässt sich heute nicht mehr rekonstruieren. Sicher ist jedoch, dass, trotz regional deutlich unterschiedlicher Mitgliedsstärke, Sozialdemokraten nicht nur die Gründerväter, sondern auch diejenigen waren, die einerseits als institutionelles Rückgrat und andererseits als Hauptakteure auf allen Verbandsebenen zu betrachten waren. *Elsbach* und *Ziemann* sehen die SPD als einen der Garanten dafür, dass das Reichsbanner bis in die 1930er-Jahre eine Massenorganisation blieb, die am Ende noch knapp eine Million Mitglieder stark war.[97] Und tatsächlich gelang ihr weitestgehend der schwierige Spagat zwischen den Zielen des demokratischen Sozialismus und der Verankerung von Nation bzw. nationalrepublikanischem Gedankengut in den Köpfen der Reichsbannerleute. Dies galt besonders in den späten Jahren, als sich Liberale und Christdemokraten weniger aktiv einbrachten, ohne sich aus dem Verband zurückzuziehen.

Kommen wir auf das Fest-Zitat zurück: Der von Nationalbewusstsein geprägte Wortlaut folgte dem eindringlichen Appell,

---

[95] *Rohe*, Reichsbanner Schwarz-Rot-Gold, S. 266.
[96] ebd.
[97] *Ziemann*, Zukunft der Republik, S. 17 f.

den der 1925 verstorbene Hugo Preuß an alle Mitglieder richtete. In einer Festschrift betonte er, dass Demokratie und Nation nicht als Gegensätze verstanden werden dürften, sondern, dass sie als einander bedingende notwendige Voraussetzungen für die Einigkeit und den Ausgleich zwischen den miteinander konkurrierenden Klassen verstanden werden müssten.[98] Er war der Ansicht, dass das Reichsbanner auf dem Weg zur Vollendung der demokratischen Gesellschaftsordnung in Deutschland eine wichtige gesellschaftliche Verantwortung trug und sein Handeln wegweisend für den letzten Teil des Demokratisierungsprozesses in der Weimarer Republik sein würde. Den Einigkeitsprozess, den das Kaiserreich nicht voranzutreiben vermochte, hätte die Republik nun vor sich. Mit diesen Worten wandte sich Otto Hörsing in einem Schlusswort des Wegweisers 1929 an die eigenen Mitglieder.[99]

Dies führt uns zum zweiten Organisationsmerkmal, dem *Anspruch der Überparteilichkeit*. Eine Bedingung für den Eintritt in das Reichsbanner bestand darin, zuzusichern, dass jedwede parteipolitische Agitation und jede Diskussion zu unterlassen war.[100] Jedes Mitglied hatte den nationalrepublikanischen Gründungskonsens zu verinnerlichen, damit solchen von *Rohe* angemahnten Identifikationsdefiziten gegenüber den Idealen und Zielen gar nicht erst der Boden bereitet werden würde. Über systematische parteipolitische Querelen, ausgelöst durch interne Streitigkeiten, geben die Quellen keine Auskunft. Wohl aber gab es alltägliche, regional begrenzte Unstimmigkeiten,

---

[98] *Elsbach*, Reichsbanner, S. 123.
[99] *Archiv der sozialen Demokratie (FES)*: 4/RSRG, Sign. 49: Wegweiser (1929): Schlusswort Hörsing, S. 74 ff.
[100] *Archiv der sozialen Demokratie (FES):* Wegweiser 1929, S. 9, 10, 63 f.; vgl. *Elsbach*, Reichsbanner, S. 33 f.

die zügig beigelegt wurden. Durchaus traten aber auch Spannungen zwischen dem Reichsbanner und der SPD, der DDP und dem Zentrum auf. Blickt man auf das Verhältnis zur SPD, dann fällt bei näherer Betrachtung auf, dass der Umgang mit ihr von Beginn an nicht ganz unproblematisch war. Der Umstand, dass das Reichsbanner sich trotz der Dominanz der der Arbeiterschaft und der Sozialdemokratie nahestehenden Milieus, auch sehr darum bemühte, eine überparteiliche nationalrepublikanische Verbandsidentität als ideellen Konsens zu verankern, spricht für eine gewisse Abgrenzung auch von der SPD. Sie wurde eben nicht als die vermeintliche Mutterpartei des Reichsbanners betrachtet, wie dies nicht nur in der älteren, sondern auch in der jüngeren Forschung zum Teil vermittelt wird.[101] Zudem wuchsen in der Endphase der Republik, gerade als der sozialdemokratische Einfluss auf den Verband gestiegen war, die Gräben zwischen dem Reichsbannervorstand und der SPD, was auf einen andauernden Konflikt zwischen Otto Hörsing und dem Parteivorstand der SPD zurückzuführen war.[102] Mit dem Ausschluss Hörsings aus der SPD und der Gründung der Sozialrepublikanischen Partei fand der Konflikt dann sein Ende. Folgt man der These *Elsbachs*, dann war die SPD anfangs über den Erfolg des Wehrverbandes als konkurrierende Institution für parteinahe Verbände nicht besonders glücklich.[103] Die Sorge über eine Konkurrenz innerhalb des Arbeitermilieus erwies sich allerdings als unbegründet, wenn man sich vergegenwärtigt, dass es dem Reichsbanner in erster Linie

---

[101] ebd., S. 31 f.

[102] *Pyta, Wolfram:* Gegen Hitler und für die Republik. Die Auseinandersetzung der deutschen Sozialdemokratie mit der NSDAP in der Weimarer Republik, Düsseldorf 1989, S. 488 und 496.

[103] *Elsbach*, Reichsbanner, S. 35 und besonders S. 296 ff.

darauf an kam, eine zusätzliche, dem gesamten republikanischen Lager zugutekommende Reichweite zu erzeugen. Der Verband erweiterte das republikanische Lager in der Folge um viele republikanische Interessengruppen, indem er die Bildung eines weitverzweigten Netzwerks vorantrieb. Dazu zählten Institutionen, die ein breites gesellschaftliches Interesse bedienten, wie z. B. der Reichsbund der Kriegsbeschädigten und Kriegshinterbliebenen. Aber auch berufsständische und interessengeleitete Verbände, zu denen Veteranen, Bürgerliche und Pazifisten gehörten, fanden ihren Platz. Personelle Überschneidungen und Doppelmitgliedschaften zwischen Reichsbanner und dem Republikanischen Reichsbund (RRB) oder den oben genannten anderen Verbänden stellten eher die Regel als die Ausnahme dar. Dies wird deutlich, als es 1925 beinahe zu einem Zusammenschluss zwischen Reichsbanner und RRB gekommen wäre. *Elsbach* spricht dem Reichsbanner ein „*Sonderbewusstsein*"[104] zu, das er durch das Argument stützt, der Verband habe in der Auseinandersetzung mit politischen Gegnern oft wenig Rücksicht auf die SPD genommen. Zudem gestaltete man den Umgang, die Agitation und Berichterstattung in Wort und Ton bewusst republikanisch. Man zielte darauf ab, die gesellschaftliche Vertiefung des nationalrepublikanischen Verfassungspatriotismus zu fördern ohne dabei Anleihen bei Liberalen oder Christdemokraten zu nehmen. Im Vordergrund stand, bürgerlichen Demokraten ein ernsthaftes Angebot zu machen, sich einzubringen, wofür die Zusicherung der Überparteilichkeit des Verbandes zentrale Voraussetzung war. Dies zeigte sich beispielsweise auf kommunaler Ebene in der Unterstützung der Wahl bürgerlich-republikanischer Reichsbannerkandidaten wie Hermann Luppe, der dann von 1920 bis 1933

---

[104] ebd., S. 35.

als Oberbürgermeister von Nürnberg amtierte, obwohl die DDP nur eine kleine Fraktion stellte und die Sozialdemokratie die Mehrheit innehatte. Luppe, eine zentrale Figur des fränkischen Reichsbanners und des RRB, tat sich als exponierter Verteidiger der Verfassung und als Befürworter einer Zusammenarbeit mit den Sozialdemokraten hervor. Er wurde nicht müde, den Konflikt mit Nationalsozialisten zu suchen und bekämpfte deren antisemitische Agitation.

Das *dritte Organisationsmerkmal* des Verbandes, der *Politisierungsgrad*, zeigt sich an der Intensität der politischen Unterstützung für Ziele der republikanischen Parteien und Politiker sowie an Rolle und Funktion der Reichsbannerpresse als publizistische Plattform. Die öffentlich betriebene Thematisierung und Information über politische Streitthemen und das Werben für republikanische Ziele durch die Illustrierte Reichsbannerzeitung ermutigte so manchen Reichsbannermann vor Ort, Einfluss auf Entscheidungsprozesse bei Bürgern zu nehmen, die im Rahmen von Kundgebungen Volksentscheiden zuzustimmen beabsichtigten. Zu Denken ist hierbei an die hitzigen und mancherorts vergifteten Debatten um den Young-Plan. Aber auch Streitthemen wie die Frage einer Fürstenenteignung und der Flaggenstreit - auf beides wird später noch eingegangen - lassen sich als Beispiele für den Politisierungsgrad zwischen dem bürgerlichen Kabinett Hans Luthers und den republikanischen Parteien anführen.[105] Unterdessen wurde, zumeist auf unteren Organisationsebenen von bürgerlicher Seite der Vorwurf der Vereinnahmung des Verbandes durch die Sozialdemokraten laut, so geschehen in der Reichshauptstadt Berlin, in deren Bezirken das Reichsbanner im reichsweiten Vergleich

---

[105] *Schumann*, Politische Gewalt, S. 235.

organisatorisch besonders stark verwurzelt war. Nachzuvollziehen ist dies am Beispiel kleiner alltäglichen Verstimmungen, die durch einseitige Wahlwerbung für die SPD oder die höhere Gewichtung sozialdemokratischer Interessen zutage traten. Auch wuchs die Anzahl politischer Konflikte des Reichsbanners mit der DDP und dem Zentrum, obwohl beide sich bis zur Auflösung des Reichsbanners an dessen Arbeit beteiligten. Eine vertiefende Befassung mit dieser Auseinandersetzung findet im folgenden Kapitel statt.

Zusammenfassend kann festgestellt werden: Die innere Verfasstheit des Verbandes und seine Beziehungen nach außen zeigen, dass das Reichsbanner seinen wichtigsten Prinzipien, der Einbindung der Mitglieder verschiedener sozialer Milieus und ihrem Anspruch auf Überparteilichkeit der Organisation ganz überwiegend nachkam. Zugleich trug dieser Umstand zu einem höheren Politisierungsgrad der Mitglieder bei, der sich im Kampf um republikanische Interessen positiv, durch parteipolitische Konflikte im Inneren allerdings auch negativ auf die Verbandsgemeinschaft auswirken konnte. So war das Verhältnis zum RRB menschlich wärmer und kollegialer, die Zusammenarbeit enger und vertraulicher als gegenüber den republikanischen Parteien. Damit ist zu konstatieren, dass, wenn überhaupt, der RRB als Vorgängerinstitution eher eine Art „*Mutterpartei*" für das Reichsbanner war, in dem viele Fäden zusammenliefen, während das weitreichende republikanische Netzwerk seine Zusammenarbeit unter Mithilfe des RRB und der Vermittlung durch die DDP in Demokratischen Klubs koordinierte.[106] Der Grundkonsens zwischen Arbeitern, Bürgerlichen, Christdemokraten und Parteilosen bröckelte gleichwohl

---

[106] *Elsbach*, Reichsbanner, S. 183 ff.

erst in den Jahren der Präsidialkabinette, da der stetige zivil-kulturelle, gemeinschaftliche Austausch und das Verbandsle-ben bis dahin auf allen Ebenen intakt geblieben war: Wenn auch die Mitglieder mit dem Beitritt in den Verband ihre Par-teibindung nicht ablegten, so zeigen die Beispiele sozialdemo-kratischer Reichsbannerfunktionäre, zu nennen ist hier der Verbandsdichter und -publizist Karl Bröger, wie neue zivilkul-turelle Wirkungsräume genutzt wurden, um die republikani-sche Gemeinschaftsidentität zu festigen. Entsprechend spricht der Gründungsaufruf von der *„Volksgemeinschaft"*, die das Reichsbanner nach eigenem Verständnis zu vertreten glaubte. Frauen blieb dagegen eine aktive Mitgliedschaft gemäß Bun-dessatzung verwehrt. Als Unterstützerinnen im erweiterten Kreis und als Multiplikatoren des Verbandes waren sie jedoch stets gerne gesehen.[107]

Die als Ziel postulierte politische, ethnische und konfessionelle Offenheit des Verbandes bei der Mitgliederaufnahme zeigt sich - darauf sei abschließend noch einmal hingewiesen - in seiner heterogenen Zusammensetzung. Der Hinweis *Elsbachs* auf den Wortlaut des Gründungsaufrufs, in dem *„ das gemein-same Fronterlebnis mit Katholiken, Protestanten, Freidenkern und Juden" als Selbstverständlichkeit"* in Bezug genommen wird, sei hier ausdrücklich erwähnt.[108]

Für den Umgang mit religiösem Glauben galt dasselbe, wie für den Umgang mit parteipolitischem Gedankengut: Dort sah die Satzung das Primat der Überparteilichkeit vor. Die Freiheit der

---

[107] s. Anm. 98): 4/RSRG, Sign. 49, Wegweiser 1929: Zur *„Frauenfrage"*; vgl. **Böhles**, **Marcel**: Im Gleichschritt für die Republik. Das Reichsbanner Schwarz-Rot-Gold im Südwes-ten 1924 bis 1933, Essen 2016, S. 292.
[108] ebd., S. 121

Religionsausübung änderte nichts daran, dass Religions- und Konfessionsfragen untereinander intern nicht behandelt werden durften. Dementsprechend war das Reichsbanner jedenfalls kein areligiöser Verband, aber wohl ein Verband in dessen Gemeinschaft religiöses Handeln und der Glauben in den Privatbereich zurückgedrängt wurde. Im Sinne von Preuß gab der Verband aber Raum zur Beilegung konfessioneller Vorurteile untereinander, zur Kameradschaft, die über religiöse Unterschiede hinweg bestehen konnte und gab Raum für die Einhegung des individuellen Glaubens in den nationalrepublikanischen Verbandskonsens.

4.2 Das Jungbanner (*„Jungba"*)

Die Sekundärliteratur gibt über das Jungbanner, die Jugendorganisation des Reichsbanners, nur geringfügige Auskunft. Auch bei *Sebastian Elsbach* ist über die tägliche Arbeit, die Organisationsstruktur und die strategische Ausrichtung des Jungbanners vergleichsweise wenig zu lesen. Der Grund dafür, dass sich die Forschung bisher nicht in ausreichendem Maße mit dem republikanischen Nachwuchs beschäftigt hat, ist, dass die Quellenlage dünner ausfällt als die des Reichsbanners. Allerdings bietet der Bestand der Friedrich-Ebert-Stiftung für die Forschung grundlegende Erkenntnisse über die Stellung und die Mitbestimmung des Jungbanners. Jugendliche, die demokratisch sozialisiert und in republikanischem, aller meistens in sozialdemokratischem Umfeld, aufwuchsen, konnten ab dem vierzehnten Lebensjahr aufgenommen werden.[109] Die Reichsbannerpresse, die in regelmäßigen Abständen mit Ausgaben

---

[109] ebd., Sign. 49, Wegweiser 1929, S. 61.; vgl. *Böhles*, Im Gleichschritt für die Republik, S. 112 f.

der Mitgliederzeitschrift „*Jungbanner*" aufwartete, stellte in ihrer Berichterstattung die körperliche Ertüchtigung, sportliche Wettkämpfe und Feste sowie die politische Bildungs- und republikanische Schulungsarbeit heraus. Das Jungbanner erfüllte dementsprechend vor allem zwei Funktionen: Zum einen kam es dem Bildungsauftrag gegenüber heranwachsenden Mitgliedern nach.[110] Die Vermittlung demokratischer Gesinnung und Traditionspflege, die Vertiefung der Loyalität zur Verfassung, sowie eines ausgeprägten Gemeinschaftssinnes und republikanischen Staatsverständnisses lag im engeren Aufgabenbereich, ebenso wie eine der defensiven Gewaltstrategie des Reichsbanners angemessenen physischen Wehrhaftmachung.[111] Unter dem zweiten Kabinett Hermann Müller 1928 gestaltete sich das Verhältnis zwischen der Reichsregierung, die sich wieder verstärkt für republikanische Belange einsetzte und dem Reichsbanner enger, partnerschaftlicher und konstruktiver.[112] Dies wirkte sich auch auf das Jungbanner aus.

Zum zweiten arbeitete man darauf hin, die jungen, im wehrfähigen Alter befindlichen Männer auf den aktiven Dienst vorzubereiten. Dort traten sie im Alter von mindestens einundzwanzig Jahren in der Schufo zusammen, die ab Februar 1930 als Reaktion auf die sich zuspitzende Gewalteskalation aufgebaut und als Gegengewicht zur SA auf den Straßen im Fall einer härteren Auseinandersetzung eingesetzt wurde. Die Schufo wird nicht selten als Elitetruppe des Reichsbanners bezeichnet

---

[110] *Archiv der sozialen Demokratie (FES)*: 4/RSRG, Sign. 49, Wegweiser 1929, S. 62.

[111] *Ders.*: 4/RSRG, Exponate 1-36, hier: Der Jungba-Führer (Nr.4, Dez. 1932).

[112] *Reichel*, *Peter*: Der tragische Kanzler. Hermann Müller und die SPD in der Weimarer Republik, München 2018, S. 262; vgl. *Elsbach*, Reichsbanner, S. 320 f.

und hatte, anders als die Pendants der extremen politischen Linken und Rechten, keine Veteranen in ihren Reihen. Das gemeinsame Erkennungsmerkmal von Jungbanner und Schufo waren seit 1930 grüne Hemden, die sie im Dienst gegen gleichfarbige Uniformen eintauschten. Im Bundesvorstand des Reichsbanners wurde das Jungbanner von dem Bundesjugendleiter und dessen Stellvertreter vertreten. Die Schufo wurde durch den Technischen Leiter und den Schutzsportleiter - oft führte dieselbe Person das Amt aus - repräsentiert. Gegründet wurde die Jugendorganisation erst 1926, nachdem der oben bereits thematisierte Republikanische Reichsbund schon 1923 erste Schritte unternommen hatte, jugendliche Demokraten milieuübergreifend in einer zentralen Dachorganisation zu vereinigen: dem Reichsjugendbund Schwarz-Rot-Gold. Jener diente dem Jungbanner als institutionelles Vorbild, wobei sich beide Jugendorganisationen dahingehend unterschieden, dass die physische Wehrhaftigkeit im Reichsjugendbund nur eine Nebenrolle spielte.[113] Im Zentrum stand vielmehr seinen Mitgliedern die Möglichkeit zu bieten, über die gesellschaftlichen Milieus hinweg Kontakte zu knüpfen und sich gemeinschaftlich zu organisieren. In diesem Sinn beschränkte sich der Reichsjugendbund nach dem Beispiel seines Erwachsenenverbandes auf die geistige, zivilkulturelle Gegnerschaft zu KPD, DVP, DNVP und später zur NSDAP.

Das Jungbanner gehörte nach damaliger Definition nicht zur politischen, sondern zur „*technischen*" Ebene des Reichsbanners. Um aus seinem personellen Stamm die Schufo vorbereiten und bilden zu können, musste es organisatorisch eng eingebunden werden. Deshalb verfügte das Jungbanner seit 1929 gemäß Bundessatzung auf jeder Organisationsebene des

---

[113] *Elsbach*, Reichsbanner, S. 85 f.

Reichsbanners über einen Platz als Beisitzer im jeweiligen Vorstand. Die Organisationsebenen des Jugendverbandes gliederten sich nach dem Vorbild des Erwachsenenverbandes. Die kleinste Ebene, die Gruppen, bildeten Züge und die Züge bildeten wiederum Kameradschaften. Über die Mitgliedsstärke des organisierten republikanischen Nachwuchses gibt es wenig aussagekräftige Quellen. In der Öffentlichkeit ist oft zu hören, das Jungbanner habe 1928 etwa siebenhunderttausend Mitglieder gezählt. Dies lässt sich jedoch nicht verifizieren.

Ein zentrales, nicht zu unterschätzendes Merkmal der im republikanischen Sprachgebrauch als „*Jungba*" abgekürzten Jugendorganisation ist die Tatsache, dass diese viel offensichtlicher als das Reichsbanner fest im sozialdemokratischen Milieu verankert war. Der nach außen undogmatisch anmutende, milieuübergreifende Charakter verfing bei den zur Verleumdung neigenden politischen Gegnern immer weniger. Das lag nicht zuletzt an der mit der Zeit zunehmenden Annäherung an andere sozialistische Jugendverbände. Der bröckelnde selbstverordnete Anspruch zur Überparteilichkeit wirkte sich auch auf den verbandsinternen Umgang mit anders sozialisierten Mitgliedern aus. Dabei fanden sich im Reichsbanner durchaus jüngere Mitglieder, die durch ihre erfolgreiche Arbeit im Jungbanner den Gesamteindruck eines rein sozialdemokratisch geprägten Nachwuchses teilweise entkräften konnten und sich später auch im Reichsbanner einen Namen machten. Gemeint sind Volkmar von Zühlsdorff und Hubertus Prinz zu Löwenstein. Die Zugehörigkeit Zühlsdorffs zum konservativen Bürgertum und Löwensteins zum christdemokratischen - einem dem liberalen Bürgertum nahestehenden Milieu - mag für beide in der damaligen zeitgenössischen Verbandsgemeinschaft womöglich ein Nachteil gewesen sein. Ihrem Ruf schadete dies zu späterer Zeit allerdings nicht. Im Gegenteil: Beide setzten sich im

Gau Berlin-Brandenburg durch und riefen dort sozusagen eine Vor-Jungbanner-Organisation für Zehn- bis Vierzehnjährige ins Leben. Den „*Vortrupp Schwarz-Rot-Gold*" bauten sie gemeinsam für das Berliner Reichsbanner, der einer der einflussreichsten und mitgliederstärksten kommunalen Reichsbannervertretungen in der Republik war, zu einer durchaus achtbaren Sammlungsgruppierung für Jugendliche und Heranwachsende aus.[114] Warum gerade Berlin? Berlin war nicht nur Reichshauptstadt, sondern auch eine Hochburg nicht nur der Arbeiterschaft im Allgemeinen, sondern der organisierten Arbeiterschaft. Nationalsozialisten hatten um 1930 auch in Berlin, das für sie lange ein schwieriges Pflaster gewesen war, durch ihre physische Präsenz und ihr rigoroses Auftreten etwas an Terrain gewonnen. Inmitten des Zentrums beruflicher, gewerkschaftlicher und politischer Verbände der Arbeiterschaft gelang ihnen ein Anwerbeerfolg für die Gauvertretung Berlin-Brandenburg, die eigentlich zu den sozialdemokratischen Hochburgen des Reichsbanners zählte. Dem wollte Löwenstein als Mitglied der Zentrumspartei und amtierender Vorsitzender des Ortsverbandes Berlin-Mitte mit der Gründung des „Vortrupps" entgegenwirken. In der Nachkriegszeit führt er von 1979 bis 1984 den Vorsitz des neugegründeten Reichsbanners. Auch Zühlsdorff überlebte den Nationalsozialismus und hatte bis 2006 den Ehrenvorsitz inne. Für die Forschung stellen beide interessante Ausnahmefälle einer ansonsten insbesondere an der Basis tief

---

[114] **Ders.**: Ein Paladin der Freiheit: Der Reichsbannermann Hubertus Prinz zu Löwenstein (1906-1984), in: **Böhles**, *Marcel*/**Elsbach**, *Sebastian*/**Braune**, *Andreas* (Hrsg.): Demokratische Persönlichkeiten in der Weimarer Republik, Jena 2020, S. 85-101, hier S. 88.

sozialdemokratisch geprägten und im Arbeitermilieu zu verortenden Nachwuchsorganisation dar.

Lässt sich im Hinblick auf die Politisierung junger Heranwachsender in der Weimarer Republik auch von einem gesamtgesellschaftlichen Organisierungserfolg des Jungbanners sprechen? *Ursula Büttner* und *Horst Möller*, die beide in ihren Arbeiten die Anziehungskraft politischer Parteien auf Jugendliche und junge Erwachsene in jener Zeit beleuchten, vermitteln angesichts der allgemeinen politisch-gesellschaftlichen Umstände, unter denen die Republik und ihre Legitimität litt, ein eher düsteres Bild: So seien die Jugendlichen, so *Büttner*, eine, nicht nur durch das Reichsbanner, politisch und arbeitsmarktspezifisch *„umworbene Generation“*[115] gewesen, die laut *Jürgen Reulecke* zudem den verschiedensten öffentlich diskutierten Gesellschaftsutopien ausgesetzt waren.

Er zitiert im Hinblick auf die Gefahr der willentlichen Unterordnung unter autoritäre oder totalitäre Herrschaftssysteme den völkisch-nationalistischen Publizist Arthur Moeller van den Bruck:

> *„Die Schuld trifft nicht nur den Kaiser (...) sie trifft seine Generation mit, die sich ein Zeitalter wilhelminischer Laienhaftigkeit gefallen ließ. (...) Ein Blutwechsel tut der Nation not, eine Empörung der Söhne*

---

[115] **Büttner**, Weimar, S. 258 ff.; *Archiv der sozialen Demokratie (FES)*: 4/RSRG, Sign. 47: „Das Reichsbanner“, Magdeburg, 22.November 1930: *„Ein Aufruf an die deutschen Studenten“*.

gegen die Väter, die Ersetzung des Alters durch die Jugend.*[116]

Die Schilderung, dass mit dem Erbe und dem Politikverständnis der ausdienenden wilhelminischen Vätergeneration abgerechnet werden müsse, verdeutlicht ein Kernmerkmal der Geisteshaltung der einst von *Jeffrey Herf* beschriebenen Vertreter eines „*reaktionären Modernismus*". Es waren nicht die restaurativen Elemente des politischen Spektrums, nicht die Vertreter des alldeutschen Zeitgeistes. Die gab es, wie *Antje Harms* in ihrer breit gefächerten Untersuchung überblickend darstellt. Von sozialistischen, konfessionellen, liberalen, konservativen bis hin zu völkischen Gruppen entwickelten weltanschaulich festgelegte Jugendgemeinschaften infolge der Deutungen des Weltkrieges und ihrer Wahrnehmung der Republik verschiedenste ideologische Zukunftsperspektiven. Dennoch ist die im Zitat angesprochene Jugend nicht die, die sich das wilhelminische Herrschaftssystem zurückwünschte, sondern es ist die Jugend, die die durch den verlorenen Krieg, den Versailler Vertrag und die Republik bewirkte veränderte Lebensrealität gewaltsam korrigieren und durch eine modernere, bessere Version der Vergangenheit ersetzen wollte.[117] Geprägt wurde sie durch die Vordenker und Anhänger utopischer, totalitärer Herrschafts- und Gesellschaftsentwürfe, die Parteien gründeten und unterstützten, die den antipluralistischen Grundtenor in der Republik verankerten. Folge dieser Entwicklung war u. a.

---

[116] *Reulecke*, *Jürgen*: Utopische Erwartungen an die Jugendbewegung 1900-1933, in: *Hardtwig*, *Wolfgang* (Hrsg.): Utopie und politische Herrschaft im Europa der Zwischenkriegszeit, München 2003, S. 204.

[117] *Harms*, *Antje*: Von linksradikal bis deutschnational. Jugendbewegung zwischen Kaiserreich und Weimarer Republik, Frankfurt am Main 2021, S. 496.

der Statusverlust des Stahlhelms und der DNVP, zugunsten der fortan führenden völkisch-extremistischen Kräfte, der NSDAP und SA - sowohl im Reichstag als auch auf der Straße.

Zudem hätten, so *Büttner*, politische und ökonomische Krisen den politisch Handelnden aber auch der Wirtschaft überaus schwierige Bedingungen hinterlassen, die es nahezu unmöglich machten den Problemen der Jugendlichen, zu denen zweifelsohne die Arbeitslosigkeit gehörte, angemessen und erfolgreich zu begegnen.[118] *Horst Möller* fügt hierzu an, der Generationenwandel, d. h. der Überschuss junger in den Arbeitsmarkt drängender Menschen habe eine Veränderung der Wirtschaftsstruktur bewirkt, die letzten Endes zu einer veränderten Sozialstruktur und zum Erfolg politischer Sammlungsbewegungen wie der NSDAP oder der KPD beigetragen habe.[119] Beide Parteien bezeichnet er als „*Parteien der Jugend*"[120], was sich durchaus in der Wählerstruktur, nicht aber in der Stärke paramilitärischer Organisationen wiederspiegelte. Das Reichsbanner, das noch Anfang der 1930er-Jahre weiterhin Eintritte verzeichnete - teilweise sogar mehr als zuvor - war der SA oder dem Rotfrontkämpferbund gemessen an der Mitgliederstärke nach wie vor überlegen.

Der entscheidende Unterschied zwischen der republikanischen und antirepublikanisch-völkischen Sammlungsbewegung lag jedoch in den Mitteln gesellschaftlicher Mobilisierung und in den Wegen zu politischer Macht. Das Reichsbanner und zu-

---

[118] *Büttner*, Weimar, S. 259.
[119] *Möller*, Weimarer Republik, S. 305.
[120] ebd.

gleich das Jungbanner waren bestrebt, die Einigkeit untereinander, die republikanischen Wert- und Idealvorstellungen,
den gemeinschaftlichen Gründungskonsens zu bewahren. Der
physische Kampf war ein auf die Abwehr des Gegners be-
schränkter Kampf, eine auf Notwehr beruhende Konfrontation.[121] Man setzte darauf, den politischen Gegner durch fried-
liche Agitation für Demokratie und Republik sowie für die
Prinzipien des Konsenses und des Pluralismus in der geistigen
wie politischen Auseinandersetzung gewinnen zu können. Die
Feinde der Demokratie hingegen nutzten physische und psy-
chische Repressalien, Verleumdungen und Spaltung als Mittel
der Konfrontation. Im Mittelpunkt stand das Ausmerzen des
Feindes nicht jedoch das Bestreben den politischen Gegner von
der eigenen Zukunftsperspektive überzeugen zu können.[122]

5. Auseinandersetzung mit dem politischen Extremismus 1924 - 1933

5.1 Bekämpfung der „Judenschutztruppe": Republik-feindliche antisemitische Agitation von rechts

> *„Wir Republikaner werden nie vergessen, dass Schul-*
> *ter an Schulter mit Katholiken, Protestanten und Frei-*
> *denkern jüdische Soldaten gekämpft und geblutet ha-*
> *ben. Die Zahl der toten und schwerverwundeten*
> *Juden beweist dies. Dieser blöde Antisemitismus, der*

---

[121] *Elsbach*, Reichsbanner, S. 86.
[122] *Herbert*, *Ulrich*: Wer waren die Nationalsozialisten, München 2021, S. 44 f.

*sogar die Seele der Kinder vergiftet, macht Deutsch-
land nicht nur in der Welt lächerlich, sondern ist in-
nerpolitisch wie außenpolitisch eine Gefahr.*"[123]

Der hier zitierte Abschnitt aus dem Gründungsaufruf des
Reichsbanners eignet sich gut zum thematischen Einstieg in
dieses Kapitel. Denn aus ihm lässt sich nicht nur ein warnender
Appell, strukturellen politisch motivierten Antisemitismus
nicht zu unterschätzen, sondern auch das Bekenntnis, sich mit
Juden solidarisch zu zeigen, lesen.

Die Problematik antisemitischer Agitation gegen das Reichsbanner ist dabei von mehreren Seiten zu betrachten. Zunächst
ist festzuhalten, dass es sich angesichts seines Selbstverständnisses als überkonfessioneller Verband konsequentermaßen
auch dadurch definierte, republikanischen Juden eine Heimat
zu geben. Demzufolge, so *Elsbach*, engagierten sich im
Reichsausschuss des Reichsbanners, der den Bundesvorstand
beriet, viele jüdische Republikaner. *Elsbach* berichtet von einem Anteil von 8,9 % jüdischer Reichsausschussmitglieder
und setzt dies in das Verhältnis zum jüdischen Bevölkerungs-
anteil, der bei einem Prozent lag.[124] Im Reichsbanner engagierten sich jüdische Mitglieder, die überregionale Prominenz erlangten, wie beispielsweise der zeitweilige badische
Innenminister Ludwig Haas. Als Reichstagsabgeordneter
brachte er sich stark für die DDP ein und gilt als einer der Repräsentanten der z. T. engen personellen Überschneidungen
zwischen zivilen jüdischen und republikanischen Organisationen. Im Weiteren sind das Bundesvorstandsmitglied Paul

---

[123] ***Reichsbanner-Zeitung:*** „Kriegsteilnehmer, Republikaner", 15.04.1924; vgl. ***Ziemann***, Veteranen, S. 76.
[124] ***Elsbach***, Reichsbanner, S. 243.

Crohn, Eduard Bernstein, Verfassungsvater Preuß und der Redakteur des linksliberalen Berliner Tageblatts, Theodor Wolff, aber auch zahlreiche andere einflussreiche Politiker auf Landes- und Kreisebene, wie der durch den Ausschwitz-Prozess bekannte Fritz Bauer oder Reichsbannerpublizist Erich Kuttner zu nennen. Die Tatsache, dass jüdische Mitglieder das Reichsbanner sichtbar in führenden Funktionen vertraten, griffen demgemäß deutschnationale Verbände und völkisch-nationalistische Kreise auf und machten dies über ihre Pressekanäle einem breiten Publikum bekannt. Dies taten sie auch deshalb so vehement, weil ihnen andere Quellen über das Mitwirken jüdischer Bürger an der Reichsbannerarbeit schwer oder überhaupt nicht zugänglich waren. Eine zentrale Mitgliederkartei, die Rückschlüsse auf den Anteil jüdischer Mitglieder zugelassen hätte, wurde in der Reichsbannerpresse aus dem Motiv des Selbstschutzes heraus nicht veröffentlicht.[125] Man hoffte, die antisemitische Agitation der politischen Gegner zu erschweren. Dennoch ergaben sich verschiedene Mittel und Wege, die selten ohne den Rückgriff auf Halbwahrheiten oder Gerüchte bis hin zur Verbreitung von Lügen auskamen. Möchte man die Hauptstrategie, die erkennbar in ihrem Kern auf antisemitische Verleumdung abzielte, auf wenige zentrale Punkte bringen, dann lässt sich die mit einigen schlaglichtartigen Ausführungen erläutern. Die Ressentiments, die man dem Judentum generell und den deutschen Juden im Besonderen entgegenbrachte, waren geprägt von der Überzeugung, von ihnen gehe

---

[125] ebd., S. 240 u. 242.

ein „*Geist der Zersetzung*"[126] für die Gesellschaft aus. Der „*jüdische Giftpfeil des Pazifismus*"[127] unterstütze den „*Internationalismus*"[128] roten Gewandes, der sich in der „*seelisch-moralischen Abrüstung*"[129] des Reichsbanners zeige. So verknüpfte man viele Feindbilder miteinander, die man für die Selbstbestätigung und die Verbreitung der eigenen Weltanschauung benötigte. In der Rolle der Organisatoren dieses vermeintlichen Komplotts sah man die Juden als Kollektiv, die aber nur scheinbar die inhaltliche Richtung vorgaben. Hinter den Feindbildern, etwa dem politischen Pazifismus, dem „*roten*" Internationalismus und der Republik als solcher vermutete man diejenigen, die sich nach innen um einen überparteilichen republikanischen Konsens und nach außen um Aussöhnung bemühten: Sozialdemokraten, Pazifisten und Linksliberale, Vernunftrepublikaner, aber eben auch die Juden und sonstige Minderheiten. Das Reichsbanner, das als kampferprobter Schutzverband des vermeintlichen landesverräterischen Treibens galt, musste gemäß dem vorherrschenden Weltbild aufgehalten und deren Tun aufgedeckt werden. Die Voraussetzung dafür war logischerweise, dass man zentrale Motive der Reichsbannerarbeit und damit einhergehend ihr Selbstverständnis, nämlich u. a. den Anspruch der Überparteilichkeit, entschieden in Frage stellte. Dazu gehörte, *Elsbach* zufolge, die These, der Verband hätte in Wirklichkeit kein Interesse an der überparteilichen Vertretung republikanisch gesinnter Bürger, sondern fühle sich den Interessen der „*jüdische(n) Hochfinanz*"[130] verpflichtet. Die Glaubwürdigkeit des geistig-ideellen

---

[126] **Elsbach**, Reichsbanner, S. 250.
[127] ebd.
[128] ebd.
[129] ebd.
[130] ebd.

Wertefundaments des Reichsbanners hofften Deutschnationale und Völkische auch in der Hinsicht zu untergraben, dass sie es mit dem Vorwurf konfrontierten, es verfolge keine nationalen Interessen, sondern hintertreibe diese bewusst, um fremden Interessen Geltung zu verschaffen. Aussagekraft in diesem Zusammenhang besitzt auch die Tatsache, dass die hohe Repräsentanz der Arbeiterschaft und der Sozialdemokraten im Reichsbanner wenig Grund zur Kritik gab. Folge davon war, dass der von der extremen Rechten vorgebrachte Vorwurf, es handele sich um einen rein sozialdemokratischen Verband, im Vergleich zu den allgegenwärtigen antisemitischen Agitationsmustern verblasste. Nicht zuletzt daran zeigt sich die Dimension antisemitischer Anfeindungen, die dem Reichsbanner und sich zu ihm bekennende Demokraten entgegenschlug, noch einmal in einem anderen Licht.

Aus den wenigen bis 1933 in Umlauf gebrachten Quellen, die Zeugnis über die Beziehungen jüdischer Institutionen zum Reichsbanner ablegen und bis heute zugänglich blieben, lässt sich folgendes erkennen: Für *Arnold Paucker* ergibt sich aus der Quelleneinsicht, dass der „*Centralverein deutscher Staatsbürger jüdischen Glaubens*" (C.V.), mehr noch als der Reichsbund jüdischer Frontsoldaten eine Scharnierfunktion zwischen jüdischen Gemeinden, zu denen auch zivile Vereine und Verbände zählten, und dem Reichsbanner einnahm.[131]

Die Mitglieder des C.V., so *Elsbach*, seien nahezu alle zumindest passive Mitglieder im Reichsbanner gewesen, was dieser

---

[131] *Paucker, Arnold*: Der jüdische Abwehrkampf gegen Antisemitismus und Nationalsozialismus in den letzten Jahren der Weimarer Republik, Hamburg 1969, S. 97 f.; vgl. *Elsbach*, Reichsbanner, S. 245.

mit einer schriftlichen Auskunft *Pauckers* an ihn glaubhaft zu machen versucht.[132] Ob dies uneingeschränkt der Wahrheit entspricht, lässt sich nicht zweifelsfrei verifizieren. Belegbar ist jedoch ein allgemeines moralisches Verantwortlichkeitsgefühl des Reichsbanners und seiner einzelnen Mitglieder für jüdische Gemeinden. Das zeigen einzelne Beispiele örtlicher Verbandsbeziehungen, wie etwa in Berlin, wo der ungestörte Ablauf von Gemeindewahlen und Vereinsveranstaltungen durch den Saalschutz des Reichsbanner sichergestellt wurde.[133] Dabei beruhte das Gefühl der Verantwortlichkeit dort, wo es vorhanden war, durchaus auf Gegenseitigkeit. So engagierten sich Juden in weit mehr republikanischen Verbänden als nur im Reichsbanner. Nicht nur zwischen dem Reichsbanner und dem C.V., sondern auch zwischen dem RRB, den republikanischen Zivil- und Berufsverbänden und Parteien auf der einen sowie dem C.V. auf der anderen Seite gab es personelle Überschneidungen in den Mitgliederlisten.[134] Bürger jüdischen Glaubens nahm man jederzeit auf und tat dies primär nicht um sich von den Rechten abzugrenzen, sondern aus der gesellschaftpolitischen Überzeugung, dass Juden wie andere Gruppen selbstverständlich die Gesellschaft abbildeten.[135] Jüdische Bürger konnten sicher sein, dass der Verband, gemäß dem re-

---

[132] *Elsbach*, Reichsbanner, S. 248.

[133] ebd., S. 249.

[134] ebd., S. 245.

[135] *Toury, Jacob*: Die Judenfrage in der Entstehungsphase des Reichsbanners Schwarz-Rot-Gold, in: *Heid, Ludger* (Hrsg.): Juden und deutsche Arbeiterbewegung bis 1933: soziale Utopien und religiös-kulturelle Traditionen, Schriftenreihe wissenschaftlicher Abhandlungen des Leo-Baeck-Instituts (Bd. 89), Tübingen 1992, S. 228.

publikanischen Demokratieverständnis, für ihren rechtmäßigen Platz in der Gesellschaft eintreten und ihn notfalls im Verbund mit der übrigen republikanischen Gemeinschaft verteidigen werde. Dieses Gefühl gegenseitiger Verantwortlichkeit, das *Elsbach* u. a. mit dem Hinweis auf das Mitwirken jüdischer Sportvereine bei der Verfassungsfeier 1929 deutlich macht, lässt sich, wenn man so will auch als ein früher Versuch jüdischer Selbsterhaltung interpretieren.[136]

Die Frage, die sich nun in einem nächsten Gedankenschritt anschließt, ist, welche Gegenstrategien das Reichsbanner seiner systematischen antisemitischen Diskreditierung durch das reaktionäre deutschnationale und das völkische Lager entgegenzusetzen hatte. Dieses drohte politisch organisierte Republikaner immer öfter in Misskredit zu bringen. Zunächst ist festzuhalten, dass von keiner allgemeinen, geschlossenen republikanischen Gegenwehr gesprochen werden kann. Die Anfeindungen gegen die Orts- und Kreisverbände waren von den regionalen Verhältnissen abhängig und dementsprechend unterschied sich die Gegenwehr in ihrer Schärfe und in ihrem Umfang. *Elsbach* zitiert in seiner Untersuchung *Ulrich Wyrwa*, der insgesamt fünf historisch belegbare, im republikanischen wie im jüdischen Milieu etablierte Gegenstrategien festgehalten hat, mit denen Gegenwehr in organisierter Form angewandt wurde. Dazu gehörte zum einen der öffentliche Einspruch, zum zweiten das zivilgesellschaftliche Engagement, zum dritten die juristische Ahndung, zum vierten die Bildung von Gegenvereinen und zum fünften der physische Selbstschutz, oft einhergehend mit bewaffneter Gegenwehr.[137] Wie bereits oben erwähnt, stellte die publizistische Information für das

---

[136] *Elsbach*, Reichsbanner, S. 249.
[137] ebd., S. 245.

Reichsbanner einen Grundpfeiler republikanischer Gegenwehr dar. Diese Art der Gegenwehr nahm deshalb auch eine zentrale Rolle für die Bekämpfung antisemitischer und antirepublikanischer Agitation ein, weil sie körperliche Angriffe und bewaffnete Überfälle, aber auch Sachbeschädigungen oder Beschimpfungen etc. in einer Presserubrik unter der Bezeichnung „*Reichsbanner-Beobachter*" dokumentierte und abdruckte.[138] Dort berichteten örtliche Reichsbannerführer über die alltägliche Gefahr gewalttätiger Konflikte und etwaiger Gegenmaßnahmen. Wie ernst man die publizistische Form der Auseinandersetzung im Sinne seriöser Aufklärung über politisch motivierte Gewalt nahm, ist im „*Wegweiser*" (s. o. 3.2) unter dem Punkt „*Berichterstattung*" nachzuvollziehen:

> „*Die Ortsvereinsvorstände haben alles Wissenswerte aus der eigenen und gegnerischen Bewegung sofort dem Kreisführer und dem Gauvorstand mitzuteilen. Der Gauvorstand berichtet nach sofortiger Sichtung des Materials und genauster Feststellung des Tatbestandes umgehend dem Bundesvorstand. Im besondern sind dem Bundesvorstand das Vorgehen von Beamten und Behörden gegen Republikaner sowie Urteile gegen Gerichte - wo möglich Abschrift des Urteilstenors - mit eingehender Stellungnahme des zuständigen Gauvorstandes unter Beifügung des gesamten Materials schnellstens zu übermitteln. Eine völlig*

---

[138] *Archiv der sozialen Demokratie (FES)*: 4/RSRG, Sign. 47, Illustrierte Reichsbanner-Zeitung, Magdeburg, 22.November 1930: Reichsbanner-Beobachter.

einwandfreie, gewissenhafte und schnelle Berichter-
stattung ist mit ein Lebensnerv unsers Bundes."[139]

Im Gegenzug ließ die republikfeindliche Presse derlei Provo-
kationen unkommentiert, bezichtigte - so etwa der „*Völkische*
Beobachter" - auf der anderen Seite das Reichsbanner, eine
„*hebräische Prügelgarde*" zu sein. Die „*Deutsche Zeitung*", so
gibt *Elsbach* wieder, streute das Gerücht, die von ihr so bezeichnete „*jüdisch finanzierte Knüppelgarde*" erhalte Geld aus
den Reihen des C.V.[140]

Ein weiterer Blick in den Wegweiser von 1929 vermittelt ein
ziemlich eindrückliches Bild von der Gefahrenlage, der sub-
jektiven Einschätzung dieser durch den Bundesvorstand und
von der Entschlossenheit zu wehrhaftem Verhalten der Republikaner:

> „*Die politischen Gegner unsers Bundes von rechts*
> *lassen nichts unversucht, um uns mit der niedrigsten*
> *Verlogenheit - nicht mit sachlicher Diskussion - zu be-*
> *kämpfen. All die Dinge, die diese Organisationen ge-*
> *gen Gesetz, Anstand und Moral begehen, hängen sie*
> *uns an, um ihr Treiben zu verdecken.*". Und weiter:
> „*Es ist leider nur allzu bekannt, daß Stahlhelm, Hit-*
> *ler-Gardisten, Wehrwolf usw. sich anständigen Men-*
> *schen gegenüber oft lümmelhaft und provozierend be-*
> *nehmen, ja sogar davor nicht zurückschrecken, sich*
> *die Abzeichen unseres Bundes anzulegen und dann*
> *Scheinschlägereien zu inszenieren, die sie uns anhän-*

---

[139] ***Ders.***: 4/RSRG, Sign. 49, Wegweiser 1929, S. 67.
[140] Zit. n. ***Deutsche Zeitung***: Nr. 172/1924 vom 30.07.; vgl.
Elsbach, Reichsbanner, S. 253.

gen. Das Ziel dieser ‚nationalen' Helden ist die Insze-
nierung von Schlägereien, Auflauf, Landfriedens-
bruch und Aufruhr." (...) „Mit diesen Mitteln glauben
sie den militärischen Belagerungszustand zu erzwin-
gen, um damit zu ihrem Ziele - der nationalen Dikta-
tur - zu kommen. Die Kommunisten bzw. deren ‚Rote
Frontkämpfer' versuchen diese Nationalisten noch zu
übertreffen in allen unanständigen Handlungen gegen
uns."[141] (...)

Mit fortschreitendem Zeitverlauf wurde die Sprache, mit der
versucht wurde, die Arbeit und Zielsetzungen des Reichsbanners zu delegitimieren, gehässiger und herabwürdigender. Eine
wesentliche Rolle in dieser Entwicklung spielt die „*Vereinigung Vaterländischer Verbände*" (VVV), die eine „*Anti-
Reichsbanner-Agitation*" betrieb und den Zweck verfolgte,
mithilfe gezielt verbreiteter Falschbehauptungen Stimmung
gegen republikanische Vereinigungen zu machen. *Elsbach* erwähnt in einem kurzen Abschnitt zudem die Gründung des
„*Deutschbanners Schwarz-Weiß-Rot*", einer auf München begrenzte Gruppierung, deren Hauptzweck die antirepublikanische Agitation war.[142] Das Reichsbanner war offenbar selten
eigenverschuldet in gewaltsame Konflikte verwickelt, da eigene Übergriffe auf politische Gegner, so *Elsbach*, nicht nach-
weisbar sind. Besonders dokumentiert sind Zusammenstöße in
Mitteldeutschland, in Sachsen und in Schlesien, also in den Ge-
genden, in welchen deutschnationale und völkische Gruppen
ausgeprägte Strukturen hatten.[143] Dennoch lässt sich das

---

[141] ***Archiv der sozialen Demokratie (FES)***: 4/RSRG, Sign.
49, Wegweiser 1929, S. 71.
[142] ***Elsbach***, Reichsbanner, S. 251 f.
[143] ***Schumann***, Politische Gewalt, S. 234 ff.

Selbstbild des Reichsbanners und die Verantwortung, die er für die innere Stabilität und den Schutz ziviler Gruppen zu übernehmen bereit war, an den Erwartungen und Verpflichtungen, die der Bundesvorstand an die eigenen Mitglieder richtete, mehr als deutlich ablesen:

> *„Unsre Kameraden haben alles Erdenkliche zu tun, um den Provokationen der Nationalisten und Kommunisten aus dem Wege zu gehen. Es ist unsers Bundes und unsrer Kameraden unwürdig, sich mit diesen Leuten herumzuprügeln. Wir haben die Würde des Bundes zu wahren, nie selbst zu provozieren und uns nicht provozieren zu lassen. Wer dieses nicht kann, hat in unsern Reihen keinen Platz und schließt sich von selbst aus. Der Reichsbannermann benimmt sich überall so, daß jeder anständige Mensch mit Hochachtung auf ihn blickt. Ungezogene und provozierende Gegner übergebe man der Polizei, die in erster Linie - das kann nicht scharf und oft genug gesagt werden - für die Aufrechterhaltung der Ruhe und Ordnung verantwortlich ist. Verlangt die Polizei von uns Hilfe, so ist ihr diese zu gewähren. Von gegnerischen Veranstaltungen in geschlossenen Räumen, auf freien Plätzen und bei Straßenumzügen wie auch sonst überall haben unsre Kameraden sich grundsätzlich fernzuhalten. Es darf auch nicht einmal der Anschein erweckt werden, als sei dieser oder jener unsrer*

Kameraden neugierig. Unsre Ruhe und unser stets gutes Beispiel muß auch auf den Gegner erzieherisch wirken."[144]

Als Beispiel für weitere Arten von Gegenstrategien, ist auch der persönliche Einsatz Hörsings zu erwähnen, der versuchte, über den Weg der Presse verleumderische Falschbehauptungen und Falschzuweisungen gegen das Reichsbanner aufzuklären und nicht davor zurückschreckte, juristische Schritte gegen einzelne Personen einzuleiten. In den Fällen eines Publizisten des Stahlhelms, Walter Korodi, und eines des VVV, Fritz Geisler war dies durchaus erfolgreich. Aber auch Gegengerüchte und satirische Beiträge gehörten, wie *Wyrwa* glaubhaft macht, zum Repertoire republikanischer Gegenwehr. Darüber hinaus wurde gezielt der Aufbau jüdischer Selbstschutzstrukturen gefördert.[145] Darauf lässt die Existenz des Jüdischen Abwehrdienstes (JAD) schließen, der als ein kleiner Erfolg für das Reichsbanner zu werten ist. Dies ist deshalb zu betonen, weil vorherige Versuche organisierter Gegenwehr jüdischer Verbände durch den Einfluss von Sicherheitsbehörden unterbunden wurden. Bei dieser Information bezieht sich *Elsbach* auf das Geheime Staatsarchiv Preußischen Kulturbesitzes. Auf die schwierige, ambivalent zu beurteilende Rolle des Reichsbundes jüdischer Frontsoldaten, wird in diesem Kapitel im Zusammenhang mit den Bemühungen um jüdischen und republikanischen Selbstschutz noch zurückzukommen sein.

---

[144] ***Archiv der sozialen Demokratie (FES)***: 4/RSRG, Sign. 49, Wegweiser 1929, S. 71 f.
[145] ***Wyrwa, Ulrich***: Strategien im europäisch-jüdischen Abwehrkampf. Das Engagement der Juden in Europa gegen den entstehenden Antisemitismus (1879-1914), Graz 2013, S. 16 ff.; vgl. ***Elsbach***, Reichsbanner, S. 257.

5.2 Konfrontation mit der KPD

Wenn man die Einstellung der KPD zur Weimarer Republik auf einen Begriff verengen wollte, würde man sich womöglich für ein Schlagwort aus den Wahlkämpfen entscheiden: die *„Ebert-Hindenburg-Republik"*.[146] In dem Zitat zeigt sich der Vorwurf der viel beschworenen Implikation der SPD mit liberalen, bürgerlichen und reaktionären Kreisen durch vermeintliche Anbiederung. Mithilfe dieser These versuchte die KPD mitsamt ihrem paramilitärischen Stoßtrupp, dem Roten Frontkämpferbund (RFB), die Arbeiterschaft gegen die staatliche Ordnung aufzuwiegeln. *Dirk Lau* hat die politische Agitation der Parteien der Weimarer Republik im Vorfeld anstehender Wahlen untersucht und kommt, in Bezug auf die kommunistische Wahlkampfführung, zu einem sehr ähnlichen Ergebnis wie *Schumann* und *Elsbach*. Demnach lag das hauptsächliche Interesse der KPD darin, die Milieubindung zwischen der SPD und der Arbeiterschaft zu durchbrechen oder mindestens zu entkräften.[147] Diesem Zweck folgend lief die Agitation darauf hinaus, die SPD öffentlich zu diskreditieren, wofür als eine Zielscheibe auch das Reichsbanner herhalten musste. Es versteht sich von selbst, dass in der publizistischen Auseinandersetzung zwischen dem Umgang der KPD mit dem Reichsbanner und ihrem Umgang mit der SPD, aus methodischen, wissenschaftlichen Gründen unterschieden werden muss. Das Reichsbanner war, wie bereits erörtert, keine genuin sozialde-

---

[146] *Lau, Dirk:* Wählkämpfe der Weimarer Republik: Propaganda und Programme der politischen Parteien bei den Wahlen zum Deutschen Reichstag von 1924 bis 1930, München 2008, S. 507.
[147] ebd., S. 508 ff.

mokratische Organisation, sondern wurde in manchen Situationen - wie oben bereits erwähnt - auch zu einer Belastung für die Sozialdemokratie.[148] Die Gleichsetzung des Reichsbanners mit der SPD durch die KPD galt als ein probates Mittel die parteipolitische Deutungshoheit in der Gesellschaft zu Lasten der SPD zu erlangen - und dies nicht nur während des Wahlkampfes. Das „*eher ungewollte Stiefkind*"[149] der SPD, wie *Sebastian Elsbach* und *Jacob Toury* das Reichsbanner zugespitzt charakterisieren, verkörperte nach kommunistischer Lesart die Anschlussfähigkeit der Sozialdemokratie an die kapitalistisch verfemte, bürgerliche Mehrheitsgesellschaft. Das in der Öffentlichkeit bewusst sichtbare nationalrepublikanische Selbstverständnis des Reichsbanners nutzte die KPD in der Weise, dass sie der vermeintlichen „*Ebert-Hindenburg-Republik*" eine selbsternannte „*Einheitsfront aller Ausgebeuteten*"[150] entgegenstellte. Die Strategie, das Reichsbanner und seine Unterstützer - wie Ebert - in eine Reihe mit deutschnationalen, völkischen Kräften zu stellen, ging mit der publizistischen „*Zersetzungsarbeit*" durch die „*Rote Fahne*"[151] einher. Während der parteigeschichtlichen Phase der KPD, in der sich eine totale Anlehnung an Sowjetrussland vollzog, die in der Geschichtswissenschaft unter dem Begriff „*Stalinisierung*" bekannt ist, schuf man die Grundlage für die im kommunistischen Sprachgebrauch verbreitete „*Sozialfaschismus*"-These. Darunter versteht man die erweiterte Anwendung des Faschismusbegriffs durch die KPD vornehmlich auf die Vertreter der Sozialdemokratie. Zurückzuführen ist diese verbale Eskalation auf

---

[148] **Elsbach**, Reichsbanner, S. 298; **Winkler**, Schein der Normalität, S. 378.
[149] ebd., S. 299.
[150] **Lau**, Wahlkämpfe, S. 509.
[151] ebd.

die Wehrhaftigkeit republikanischer Institutionen, die die kommunistische Partei als sozialdemokratisch geführt oder dominiert betrachtete und zu denen nach dieser Definition auch das Reichsbanner zu zählen war. *Elsbach* verweist darauf, dass in erster Linie das Reichsbanner aufgrund seiner Rolle als Hüter der inneren Ordnung und als Hilfspolizeitruppe Adressat derlei verleumderischer Attacken war.[152] Die Gleichsetzung mit dem Stahlhelm als dessen „*faschistischer Bruder*", der die „*Versklavung der deutschen Arbeiterklasse*"[153] betrieben habe, ist nur eine der überlieferten Zuschreibungen. *Schumann* und *Lau* bestätigen in ihren Untersuchungen zu Aktivitäten und Verhaltensmustern bei Wahlkampfveranstaltungen den Standpunkt *Elsbachs*, wonach sich Stahlhelm und Roter Frontkämpferbund in der Wahl ihrer Methoden mehr und mehr anglichen.[154] Das seit der Gründung der KPD feindselige Verhältnis zur SPD ist dann im Laufe der weiteren Krisen der Republik nicht zuletzt auch aufgrund der Existenz und Aktivitäten des Reichsbanners auf einen neuen Tiefpunkt gelangt. Eine sich weiter vertiefende parteipolitische Spaltung der Arbeiterschaft war die Folge.

Dies schloss jedoch bemerkenswerterweise nicht aus, dass Reichsbannerleute und Kommunisten in Einzelfällen gemeinsam für politische Ziele demonstrierten, so geschehen bei Kundgebungen für die Fürstenenteignung. Abgesehen von diesen wenigen Ausnahmen blieb davon die Hauptstoßrichtung der Agitation von KPD und RFB unberührt. Das lässt sich u. a.

---

[152] *Elsbach*, Reichsbanner, S. 301.
[153] ebd.
[154] *Schumann*, Politische Gewalt, S. 236 ff.; *Lau*, Wahlkämpfe, S. 510 f.

auch mit dem in einer Resolution des RFB gemachten Vorwurfs belegen, indem das Reichsbanner als Unterstützer Paul von Hindenburgs im Rahmen der Reichstagswahl 1925 dargestellt wurde, obwohl bekannt war, dass das Reichsbanner geschlossen den unterlegenen Kandidaten des Zentrums, Reichsbannermitglied Wilhelm Marx, unterstützte.

Wie die in der Untersuchung *Elsbachs* ausgewerteten Statistiken über die tödliche politische Gewalt zeigen, war jedoch insbesondere im Hinblick auf die physischen Auseinandersetzungen der Stahlhelm der Hauptgegner des Roten Frontkämpferbundes und der KPD.[155] Dies ist aus ideologischen Gesichtspunkten nicht verwunderlich, ergibt sich aber auch aus der Tatsache, dass es im Interesse der KPD lag, aus dem Arbeitermilieu stammende Reichsbannermitglieder abzuwerben.[156] Dies gelang ihr, den Forschungsergebnissen *Schumanns* zufolge, nicht wirklich, obwohl es auf der regionalen Ebene des Reichsbanners durchaus z. T. Unmut über die Zusammenarbeit mit liberalen und bürgerlichen Mitgliedern gab.[157] Diese Unzufriedenheit drückte sich auch in Versuchen der Ortsverbände des Verbandes aus, rein sozialdemokratische Wehrverbände aufzustellen, was allerdings am Bundesvorstand scheiterte.[158]

Ein permanenter Streitpunkt zwischen der kommunistischen Seite und den sozialdemokratischen Mitgliedern des Reichsbanners war die Kriegserinnerung und Kriegsdeutung, die sich

---

[155] *Elsbach*, Reichsbanner, S. 278.
[156] *Voigt*, Kampfbünde, S. 292.
[157] *Schumann*, Politische Gewalt, S. 253.
[158] *Elsbach*, Reichsbanner, S. 297.

in einer grundverschiedenen Erinnerungskultur niederschlug. Darauf wird im folgenden Unterkapitel noch eingegangen. Die unterschiedliche Erinnerungskultur war auch ein Grund, weshalb in das Reichsbanner nur derjenige aufgenommen wurde, der sich überzeugend als Republikaner präsentierte und dies in der Gemeinschaft in allen Facetten vorzuleben bereit war. Im Zuge der Vereinigung der KPD mit dem mehrheitlichen Teil der USPD 1920 wurde deutlich, dass die weltanschaulichen Auffassungen und Erinnerungskulturen in der Arbeiterschaft auf regionaler Kreis- und Ortsebene fließend sein konnten, was sich auf die Anwerbung von Mitgliedern aus dem sozialistischen Milieu auswirkte und zusätzliche Rivalität erzeugte. Auch infolge der „Stalinisierung" stieg nicht nur für lokale Gruppen die Gefahr durch die KPD, die das ohnehin belastete Verhältnis zwischen Rotfrontkämpferbund und dem Reichsbanner durch Einschleusungsaktionen verschärfte, ausspioniert zu werden. Daher kommt es nicht von ungefähr, dass eine der wenigen erhaltenen Quellen über die Mitgliederstärke des Reichsbanners in den verschiedenen Gauen und Ländern auf Informanten der KPD zurückgeht. Für die Spionage gab die Parteileitung der KPD bestimmte „Richtlinien über die Propaganda und Zersetzungsarbeit im Reichsbanner"[159] aus. Die Einbindung nichtproletarischer Milieus und der Mitglieder republikanischer Parteien, eine der besonderen Stärken des Reichsbanners, eröffnete so eben auch Informanten politischer Gegner die Möglichkeit, interne Unstimmigkeiten des Verbandes durch Lageberichte nach außen zu tragen. Es gab aber auch Gegenbeispiele, die die republikanische Gegenwehr in der politischen Aufklärungsarbeit verdeutlicht: Es war Karl Mayr,

---

[159] ebd., S. 305.

der als republikanischer Informant das Reichsbanner über reaktionäre, deutschnationale und völkische Kreise aufklärte.

5.3 Schufo, Reichswehr und Eiserne Front: Möglichkeiten und Grenzen des Reichsbanners

Die Reichstagswahl 1928 ist für Republikaner, für republikanische Parteien und besonders für die SPD nach Jahren in der Opposition eine Standortbestimmung mit trügerischem Ausgang gewesen. Dass die SPD mit einem Regierungsauftrag ausgestattet wurde und die Weimarer Koalition gestärkt aus der Wahl hervorging, ist in Teilen auch auf die allgemeine Präsenz, insbesondere aber auf das öffentlich-wirkmächtige Auftreten des Reichsbanners zurückzuführen. So bezog der Verband wie das Beispiel zwei Jahre zuvor zeigt, in öffentlichen Streitfragen, etwa im Konflikt um die Flaggenordnung, klar Position, als es darum ging, ob deutsche Auslandsvertretungen zu öffentlichen Anlässen neben der schwarz-rot-goldenen auch die schwarz-weiß-rote Flagge hissen dürften. Reichskanzler Hans Luther argumentierte mit der Rücksichtnahme auf die Befindlichkeiten von Auslandsdeutschen dafür.[160] Tatsächlich entfachte dieses Streitthema eine Kontroverse monarchistischer und republikanischer Stimmen über die gesellschaftliche Deutungshoheit und die nach außen gesendete Symbolik einer politisch rückwärtsgewandten Flaggenordnung. Am 06. Mai 1926 wurde sie dann durch Reichspräsident Hindenburg im Sinne von Reichskanzler Luther beschlossen, doch kostete es das Kabinett Luther seine politische Zukunft. Denn acht Tage

---

[160] *Möller*, Weimarer Republik, S. 249; vgl. *Winkler*, Weimar, S. 311.

später nahm eine Reichstagsmehrheit einen von der DDP eingebrachten Misstrauensantrag gegen die Regierung an. Der Streit um die Flaggenentscheidung, die von der politischen Rechten unter Führung der DNVP unterstützt wurde, wurde auf diese Weise zu mehr als zu einem Achtungserfolg von SPD, DDP, Zentrum, Gewerkschaften und Reichsbanner. In einer Phase sich aneinanderreihender bürgerlicher Kabinette ohne sozialdemokratische Mitwirkung hatte sich das Reichsbanner, dies zeigen Mobilisierungserfolge wie zur Reichspräsidentenwahl 1925, zum gesellschaftlichen Bindeglied republikanischer Parteien und Milieus entwickelt. So bilanziert *Elsbach* für das Jahr 1928:

> *„Das Reichsbanner war ein Weg zur Kanalisierung der in der Anfangszeit der Republik entstandenen Frustrationen in republikanischen Kreisen und ermöglichte es seinen Mitgliedern ihre nach wie vor vorhandene Unterstützung für die Republik auszudrücken. Dieser republikanische Massenanhang über den Mitte der 1920er-Jahre weder die KPD noch rechtsradikale Gruppen verfügten, wurde durch das Reichsbanner in eine organisatorische Form gebracht.“* [161]

Das bedeutete, dass es gelang, für einen gewissen Zeitraum auch Vernunftrepublikaner, wie etwa Wilhelm Marx für die Republik zu gewinnen. Dagegen zeigt das gemeinsame öffentliche Engagement für ein Ja bei der Volksabstimmung zur Fürstenenteignung, wie weit Kontakte mancher Orts- und Kreisverbände in das von der SPD entfremdete sozialistische

---

[161] *Elsbach*, Reichsbanner, S. 205.

Milieu hineinreichten. Die bereits oben thematisierte Zusammenarbeit mit kommunistischen Funktionären in diesem Zusammenhang war zwar ein großer Aktionserfolg, der gemeinsam etwa vierzehn Millionen Stimmen erbrachte, aber dennoch nicht von Erfolg gekrönt war. Die soziale Nähe beider Milieus und ihre Überschneidungen förderten wie oben bereits erwähnt auch kritische Stimmen im Innern des Verbandes, die von politischen Gegnern begierig aufgegriffen wurden. Die politische Dimension des Ganzen wird deutlich, wenn man bedenkt, dass viele Vernunftrepublikaner, christdemokratische und liberale Funktionäre 1928 nicht oder nicht mehr bereit waren, sich in den Dienst des Reichsbanners zu stellen. Die Angehörigen christdemokratischer und konservativ-liberaler Milieus, die - neben Wählern der fortschrittlich-liberalen DDP - auch das Bürgertum repräsentierten, hätten, so erinnert sich Carl Spiecker, für sich keinen Raum mehr im Verband gesehen.[162] Spiecker war seinerzeit eines der einflussreichsten Zentrumsmitglieder im Reichsbanner und wirkte viele Jahre beratend für verschiedene Gremien im Reichsausschuss des Verbandes, dem er seit 1928 als Beisitzer im Bundesvorstand angehörte.[163] Seine Aussage, dass sich Zentrumspolitiker aufgrund der wenigen Gleichgesinnten im Reichsbanner wie in der „Diaspora"[164] gefühlt hätten, bestätigt bis zu einem gewissen Grad die Einschätzung *Heinrich August Winklers*, wonach die Unterstützung des Verbandes durch das Zentrum nach dem

---

[162] ebd., S. 310.
[163] **Kiene, Claudius**: Eine zu demokratische Persönlichkeit? Karl Spiecker und der Zentrumsparteitag 1925, in: **Böhles, Marcel**/**Elsbach, Sebastian**/**Braune, Andreas** (Hrsg.): Demokratische Persönlichkeiten in der Weimarer Republik, Jena 2020, S. 39-55, hier S. 43.
[164] s. Anm. 160), S. 310.

Austritt des Reichskanzlers a. D. Wilhelm Marx deutlich gelitten und sich immer mehr auf den sozialpolitischen Parteiflügel um Wirth, Spiecker, Dessauer, Joseph Joos, Heinrich Hirtsiefer, und Heinrich Krone beschränkt habe.[165] Die Namen Joos, Krone und Hirtsiefer seien hier auch deshalb erwähnt, weil die Beschäftigung mit diesen Personen in der Frage, wie sehr die Zentrumspartei das Reichsbanner auch zu späterer Zeit auf oberster Ebene unterstützte, etwas Klarheit bringt. Krone amtierte bis zuletzt als stellvertretender Vorsitzender und als Generalsekretär des Reichsbanners im Bundesvorstand. Vorher war er Geschäftsführer des Windhorstbundes, der Jugendorganisation der Zentrumspartei. Auf deren Empfehlung hin beantragte er die Mitgliedschaft im Reichsbanner. Dies spricht zumindest gegen ein Spannungsverhältnis zwischen beiden Verbänden. Die These *Winklers*, die christlichen Gewerkschaften hätten „*keineswegs geschlossen auf der Seite des Bundes*"[166] gestanden, belegt er mit der ablehnenden Haltung ihres Vorsitzenden Adam Stegerwald gegenüber dem Verband. Doch das Beispiel Hirtsiefers, der sich - wie Krone - als Mitglied im christlichen Metallarbeiterverband durch publizistische Beiträge an der Arbeit im Reichsbanner beteiligte, zeigt, dass die Sichtweise *Winklers* nicht generalisiert werden darf. Auch Joos, der in frühen Jahren für die Westdeutsche Arbeiterzeitung schrieb, beteiligte sich als renommierter Vertreter des sozialen Flügels von 1926 bis 1932 im Bundesvorstand des

---

[165] **Winkler**, Schein der Normalität, S. 380; vgl. **Seefried, Elke**: Verfassungspatriotismus und Gemeinschaftsideologie: „Vernunftrepublikanismus" in der deutschen Zentrumspartei, in: **Wirsching, Andreas** (Hrsg.): Vernunftrepublikanismus in der Weimarer Republik. Politik, Literatur und Wissenschaft, Stuttgart 2008, S. 60.
[166] ebd.

Reichsbanners. Für die DDP galt das Urteil *Winklers* noch weniger, denn sie war personell noch immer auch durch ihre pazifistischen Strömungen mit dem Reichsbanner verbunden. So förderte vor allem die *„Deutsche Friedensgesellschaft"* (DFG), unter Einfluss linksliberaler Reichsbannermitglieder wie Berthold von Deimling und Paul von Schoenaich die politische Bildungsarbeit des Jungbanners. Andererseits war der rechte Flügel der DDP nicht für das Reichsbanner zu gewinnen. *Winkler* führt dazu aus, dass *„Politiker des rechten Flügels wie Georg Gothein, Bernhard Dernburg und Eugen Schiffer dem Reichsbanner gegenüber kühle Distanz an den Tag"*[167] gelegt hätten. Dasselbe galt für das nationalliberale Bürgertum, aus deren Reservoire die DVP Wähler und Funktionäre gewann. Daran änderte auch die Parteiführung Stresemanns, der - wie bekannt - als Minister des Auswärtigen die Annäherungspolitik vorantrieb, nichts.

Die Debatte um den Panzerkreuzerbau zeigte exemplarisch, wie unrealistisch eine *gemeinsame republikanische Wehrpolitik* war. Auch dem Reichsbanner machte es die Grenzen seiner Vermittlungsfähigkeit zwischen den Parteien der Weimarer Koalition deutlich. Es ging konkret um den Bau neuer Kriegsschiffe, die der Reichsrat zuvor mit dem Verweis auf die Bedingungen des Versailler Vertrages untersagt hatte. Die SPD stand mit der eindeutigen Absage an den Bau mit Ausnahme der KPD alleine. Die DDP zeigte sich unentschlossen, während sich die Zentrumsfraktion gemeinsam mit den Parteien des Bürgerblocks rechts der Mitte für den Bau einsetzte. Die schon früher distanzierte Haltung des Reichsbanners gegenüber der Reichswehr schlug dann ab 1928 in einen offenen Konfrontationskurs um. Die wachsende Kritik an der Reichswehr betraf

---

[167] ebd.

ihre Politisierung, die *Udo di Fabio* als „*Projekt der Rechts-verschiebung*"[168] bezeichnete, und die Reichswehrminister Wilhelm Groener nach der Ablösung des DDP-Mannes Otto Geßler vorangetrieben habe. Darin sieht *di Fabio* auch die Ur-sache für die politische Nähe der Reichswehr zu Verbänden der politischen Rechten wie des Stahlhelm, für ihre Einmischung in außenpolitische Fragen und ihre immer sichtbarer werdende Ablehnung der Republik. In der Reichsbannerzeitung lieferte der im vorigen Unterkapitel vorgestellte Karl Mayr einige Er-kenntnisse über die Zusammenarbeit der Reichswehr mit der Roten Armee und der Weitergabe vertraulicher militärischer Informationen an jene.[169] Gegen deren Bekanntmachung setzte sich die Führung der Reichswehr in der Person Groeners zu Wehr, was eine längere öffentliche Auseinandersetzung zur Folge hatte. Die ursprünglich beabsichtigte, durch das Reichs-banner geförderte „*Republikanisierung von unten*"[170] wurde nach Schilderung der Erfahrungen ehemaliger Offiziere und Soldaten als nicht darstellbar eingeschätzt. Spätere Versuche des Reichsbanners, Schritte der Demokratisierung in der Reichswehr einzuleiten, scheiterten an dem Einfluss der Kabi-nette des Bürgerblocks und an dem Umfeld des Reichspräsi-denten.

Was blieb, war die Ernüchterung, dass Republikaner keinen wirklichen Platz in der Reichswehr fanden, auch weil reaktio-näres Gedankengut unter Männern im wehrfähigen Alter ge-fördert wurde. Diese Niederlage war für das Reichsbanner

---

[168] *di Fabio*, Weimarer Verfassung, S. 161 ff.
[169] Zit. n. *Reichsbanner-Zeitung*, Nr. 35/1929; vgl. *Elsbach*, Reichsbanner, S. 366.
[170] *Elsbach*, Reichsbanner, S. 367.

nach den Erfahrungen mit dem Republikanischen Führerbund (FB) kaum erträglich.

Es kann somit festgehalten werden, dass die Möglichkeiten aber auch die Grenzen einer überparteilichen republikanisch ausgerichteten Reichsbannerarbeit in der realen Politik deutlich zu Tage traten. Die Möglichkeiten zur Agitation und zur öffentlichen Einflussnahme endeten dort, wo es zur Konfrontation parteipolitischer Interessen zwischen den republikanischen Parteien kam. Während der Reichstagswahlkämpfe ruhten die Aufmärsche und Fahnenweihen, da man sich im parteipolitischen Wettstreit neutral verhalten wollte. *Elsbach* resümiert, dass zu den heutzutage sichtbaren Erfolgen des Reichsbanners unter anderem die symbolische Wirkung der Präsenz der Reichsfarben Schwarz-Rot-Gold zählt, deren Wirkmächtigkeit die Phase des Dritten Reichs überdauerte und die für die Bonner Republik identitätsstiftende Bedeutung besaß. In der Weimarer Republik führte das Reichsbanner einen regelrechten Kulturkampf, der die symbolische Deutungshoheit gegenüber der schwarz-weiß-roten Flagge der Deutschnationalen betraf. Nicht zufällig sang man verbandsintern vor allem die dritte Strophe des Deutschlandliedes, die heute die Nationalhymne der Bundesrepublik bildet. Diese Tatsache sowie die ritualisierend verwendeten Schlagworte *„Einigkeit, Recht und Freiheit"* rekurrieren auf die Tradition der Revolution von 1848, auf die sich die Republikaner in ihrem Einsatz für das Reichsbanner beriefen.[171] Ohne die Aufwertung der republikanischen Farben durch das Reichsbanner wäre die

---

[171] ***Archiv der sozialen Demokratie (FES)***: 4/RSRG, Exponate 1-36, hier: *„Sturmlieder der jungen Republik"*, Broschüre des Reichsbanners Schwarz-Rot-Gold, Ortsverein Königsberg in Preußen, S. 7.

Flagge der Bundesrepublik heute wohl eine andere. Durch die Arbeit des Reichsbanners erfuhren auch die ehemaligen Veteranenverbände im Zuge der historisch-wissenschaftlichen Betrachtung und Aufarbeitung eine Aufwertung, da eben nicht nur Stahlhelm und RFB auf den Straßen präsent waren. Der größte paramilitärische Verband war das republikanische, Staat und Demokratie schützende, Reichsbanner. Weiterhin zeigen die Forschungsergebnisse *Elsbachs*, dass sich die Wehrhaftigkeit der Republik auch in den Handlungsoptionen des Reichsbanners wiederspiegelte. Die störungsfreie Durchführung republikanischer Veranstaltungen, die Pluralität politischer Initiativen und Aktionen im öffentlichen und publizistischen Raum sowie eine ausgeprägte republikanische Zivilkultur, wozu Weihen, Gautreffen und Verfassungstage zählten, wäre ohne eigens dafür organisierte physische Schutzvorkehrungen nicht überall im Land möglich gewesen. Dabei gelang es weitgehend, die verschiedenen Milieus für die Mitarbeit zu gewinnen. Das Reichsbanner war in eine militärische Organisationsform eingebettet und pflegte intern militärische Traditionsformen. Dies wurde seinem Status als Veteranenverband gerecht, wirkte außerhalb der Veteranengemeinschaft aber oft befremdlich auf pazifistische Mitglieder. Den Vorwurf des Militarismus wehrten die Veteranen und die Verbandsmehrheit mit dem Verweis auf ihre defensiv-pazifistische Haltung ab. Man verpflichtete sich zu wehrhaftem Handeln nur aus Notwehr heraus, womit sich ein leichter pazifistischer Einfluss erkennen ließ. Wehrhaft und pazifistisch zu sein, aber eben keine milizähnlichen Strukturen zu fördern, wie es Julius Deutsch forderte, stellte den zentralen organisatorischen Verbandskonsens dar. Pazifisten wie Ossietzky und Kurt Tucholsky gab der Verband, der seine Wehrhaftigkeit sonst nicht hätte sicherstellen können, nicht nach. Den „*ideologischen*

Zweifrontenkrieg"[172], wie *Winkler* die Lage wegen der von der SA immer rücksichtsloser und fanatischer geführten Auseinandersetzungen bezeichnete, versuchte das Reichsbanner mit der aufgerüsteten Schufo bis 1933 und inoffiziell darüber hinaus zu führen. Groener und der, die antirepublikanischen Kräfte hinter ihm fördernde Kurt von Schleicher, blockierten ein Verbot der SA, welches dem Reichsbanner ohne Zweifel genützt hätte. Der Bruch der letzten Weimarer Koalition unter Kanzler Hermann Müller markierte das Ende demokratischer Regierungspraxis in der Republik. Die Reichstagswahl 1930 endete mit einem Wahldebakel für die republikanischen Parteien. Insbesondere die liberalen Parteien kämpften gegen den Fall in die politische Bedeutungslosigkeit. Im Zentrum verlor der Flügel um Wirth an Macht. Mit der Gründung der Eisernen Front wollte man ein Gegengewicht zu der Gründung der Harzburger Front aus Deutschnationalen, dem Stahlhelm und völkischen Gruppen bilden. Die Eiserne Front setzte sich aus dem Reichsbanner, dem Allgemeinen Deutschen Gewerkschaftsbund, der SPD und dem Arbeiter-Turn- und Sportbund zusammen. Ihre Ziele waren mit denen des Reichsbanners identisch. Die Initiative zur Gründung ergriff am 16. Dezember 1931 das Reichsbanner selbst. Die Führung übernahm der SPD-Vorsitzende Otto Wels. Doch der gravierende, nicht auszugleichende Nachteil war, dass das Reichsbanner bis dahin seine republikanischen Partner außerhalb des sozialdemokratischen Milieus verloren hatte. Die Eiserne Front war, entsprechend ihrer Zusammensetzung, nun wirklich der *„sozialdemokratische Verein"*, als welchen die politischen Gegner das Reichbanner bis dahin abwertend bezeichnet hatten. Der Preußenschlag

---

[172] **Winkler**, Schein der Normalität, S. 380.

1932 beendete den verbliebenen politischen Einfluss der meisten Republikaner und Reichsbannermitglieder im Verwaltungsdienst. Man entließ selbige oder versetzte sie in den vorläufigen Ruhestand. Versuche, sich gewaltsam gegen die aufkommende Autokratie zu wehren und dadurch bürgerkriegsähnliche Zustände zu riskieren, erwogen Reichsbannerfunktionäre, die im Polizei- und Sicherheitsdienst hohe Stellungen einnahmen, wie der Leiter der Berliner Schutzpolizei, Karl Heinrich, und der Braunschweiger Polizeipräsident Horst Baerensprung. Sie fanden aber intern keine Mehrheit. Dies bestätigt auch eine von *Benjamin Ziemann* zitierte Äußerung Höltermanns.[173] *Elsbach* beantwortete im Februar 2022 in einem Interview mit dem SPIEGEL die Frage, warum die Wehrhaftigkeit des Reichsbanners gegen den organisierten und politisch geduldeten Terror der SA nicht ausreichte. Er begründete dies mit der Organisationsform, dem semipazifistischen, auf Notwehr beruhenden Selbstverständnis und der darauf beruhenden militärischen einseitigen Ausbildung des Verbandes.[174] Damit meint er, dass das Reichsbanner der Forderung Severings folgend, keine Miliz im technischen Sinn war, die in einem Bürgerkrieg die Aufgaben einer Spezialeinheit oder der Reichswehr hätte ausüben können, vorausgesetzt, letztere wäre republikanisch eingestellt gewesen. So bleibt für den gesamten Existenzzeitraum des Reichsbanners zu konstatieren, dass seine Wirkmächtigkeit aus den verschiedenen -

---

[173] **Ziemann**, Zukunft der Republik, S. 62.
[174] „Die Weimarer Republik hätte gerettet werden können": **Sebastian Elsbach** im Gespräch mit dem SPIEGEL, https://www.spiegel.de/geschichte/reichsbanner-schwarz-rot-gold-die-weimarer-republik-haette-gerettet-werden-koennen-, abgerufen am 07.02.2022.

oben beschriebenen - geistig tief verankerten ethischen Motivationslagen resultiert, darin aber auch ihre Grenzen fand. Eines seiner stärksten Motive aber war, nicht durch die politischen Entwicklungen getrieben zu werden. So konnte aus republikanischer Sicht das Reichsbanner in heiklen, kritischen Zeiten spürbar zu einer relativen Stabilität der politischen und inneren Ordnung beitragen. Es band Millionen Menschen verschiedener sozialer Milieus an die Republik durch die gemeinsame Motivationslage, die zum nationalrepublikanischen Gründungskonsenses des Verbandes geführt hatte. Das Reichsbanner förderte so die persönliche Identifikation mit Republik und sozialer Demokratie, scheiterte aber gleichwohl, wie *James Sheehan* und *Benjamin Ziemann* beispielhaft zeigen, an der Etablierung eines nationalen, identitätsstiftenden Gedenktages.[175] Vor allem, und das ist ein Ergebnis der Reichsbannerforschung, scheiterte man an der aufgezwungenen Anpassung an eine vergiftete politische Kultur, die durch Ereignisse, Entwicklungen und antidemokratische Gesellschaftstendenzen der Agenda des politischen Extremismus zugutekam. Gleichwohl ist festzustellen, dass die Leistungen des Reichsbanners das bereits in der Auflösung befindliche Krisen-Narrativ über die Weimarer Republik mehr als infrage stellen. Bis 1933 zeigte sich, dass es genug Demokraten gab, die ihren Beitrag zu einem tiefgreifenden republikanischen Gesellschaftsdiskurs leisteten, dem sich jedoch die Exekutive mithilfe der reaktionär-autoritären Machtkonzentration bei den Reichskanzlern, so *di Fabio*, unter dem Schutz des Reichspräsidenten verweigerte.[176] An jener Achillesferse der Verfassung scheiterte letztendlich

---

[175] *Sheehan*, Kontinent der Gewalt, S. 140.
[176] *Di Fabio,* Weimarer Verfassung, S. 209 f.

das republikanisch-demokratische Bollwerk mit Namen Reichsbanner Schwarz-Rot-Gold.

6. Politische Bildung in Deutschland nach 1945

6.1 Grundsätze und Gestaltungsformen

Am historischen Anfang jeder politischen Bildungsarbeit stehen *Systembrüche*, die die Abkehr von etablierten Staatssystemen, Gesellschaftsentwürfen und Wertvorstellungen einleiten. Eine Auseinandersetzung mit den historischen Grundlagen, den sachlichen Grundsätzen und den verschiedenen Gestaltungsformen der *außerschulischen* politischen Bildung in der Bonner Republik, kommt ohne den Einbezug der verbindlichen Verfassungsnormen des Grundgesetzes nicht aus. In Anbetracht der Themenwahl der Arbeit ist zu betonen, dass der methodische Rahmen, durch den Bildungsinhalte kanalisiert und zur Vermittlung aufbereitet werden, ohne den Rückbezug auf die Weimarer Republik als negative Kontrastfolie schwer vorstellbar ist. Wenn nun die politische Bildung als Korrektiv, um Akzeptanz gegenüber der parlamentarischen Demokratie herzustellen, neue politische Denkweisen und Überzeugungen fördert, so ist damit im Vorfeld ein kollektiver gesellschaftlicher Austausch historischer Erfahrungen verbunden. Im Fall Deutschlands dauerte jene Phase über Jahrzehnte an, nachdem die junge Generation in den 1960er-Jahren den Anstoß für eine historische Aufarbeitung der NS-Diktatur gab.[177] Abseits der

---

[177] **Reichel, Peter:** Politik mit der Erinnerung. Gedächtnisorte im Streit um die nationalsozialistische Vergangenheit, München 1995, S. 22 ff.

Geschichtswissenschaft hat bis heute eine umfassende gesellschaftliche Aufarbeitung jener Zeit stattgefunden.

Das Ende der NS-Diktatur war ein politisch-weltanschaulicher Systemumbruch, der die verfassungstechnische Normierung eines posttotalitären Gesellschaftsentwurfs von innen zur Folge hatte und weit länger dauerte als die von den Vereinigten Staaten geforderte „*Re-education*." Das Grundgesetz der Bundesrepublik Deutschland, auf dem das politische System Westdeutschlands beruht, garantiert unveränderliche Grundrechte, es definiert die Rechte und die Pflichten eines jeden Staatsbürgers und es schützt das Individuum vor einem zu weiten Eingriffsrecht des Staates in persönliche Angelegenheiten. Darüber hinaus ist verfassungsrechtlich die Souveränität des Volkes durch die repräsentative Machtübertragung auf die Volksvertreter festgeschrieben. Diese haben im deutschen Bundestag eine stärkere Stimme als im Reichstag der Weimarer Republik, der in Krisen- und Konfliktlagen aus politischem Kalkül aufgelöst werden konnte. Die in der Verfassung festgeschriebene Funktionsweise des Parlamentarismus zu vermitteln ist eines der Kernelemente politischer Bildungsarbeit.

Politische Bildung ist nach diesem Verständnis nicht nur als Element der Vermittlungsarbeit im Rahmen kollektiver staatsbürgerlicher Resozialisierung nach 1945 oder nach Ende der SED-Diktatur zu verstehen. Sie hat ihre Funktion auch bei Einbindung junger Menschen in die konstruktive Mitarbeit an einem Gesellschaftssystem, dessen Zukunftsfähigkeit immer wieder auf die Probe gestellt wird. Das heißt, dass der Bezug auf kollektive, zeithistorische Erfahrungen und die Auseinandersetzung mit der Vergangenheit ab 1948/49 auch einer erstrebenswerten Optimierung des zukünftigen politischen Systems Rechnung tragen muss. Das Ergebnis dieses Prozesses bringt *Peter Steinbach* in dem Beitrag „*Historische Grundlagen der politischen Bildung*" auf den Punkt. Er schreibt, dass es nach dem Zusammenbruch 1945 lange gedauert hat, bis eine streitbare politische Kultur in der Bundesrepublik etabliert werden konnte, die dann zu einem Stabilitätsmerkmal der Bundesrepublik wurde.[178] Die Notwendigkeit einer Streitkultur, in der demokratische Gepflogenheiten beachtet werden und ein gesamtgesellschaftlich ausgeprägter Meinungspluralismus, wie ihn Ralf Dahrendorf postulierte, setzt die allgemeine Akzeptanz abweichender Wertvorstellungen voraus. Zwar lässt sich die Weimarer Republik als lehrreiches Beispiel einer Demokratieerfahrung verstehen, doch verliert angesichts der Tatsache, dass in den späten 1950er- und 1960er-Jahren nicht mehr allzu viele Politiker aus der damaligen Politikergeneration in der Bonner Republik aktiv waren, dieses Beispiel mehr und mehr an Wirkung. Während der Kanzlerschaft Konrad Adenauers, eines vormaligen „Weimarer" Politikers, vollzog sich die Abkehr von einem überholten Bildungsansatz aus Weimarer Zeit, dem Prinzip der Staatsbürgerkunde. Die Vermittlung eines staatsbürgerlichen Bewusstseins, das die Treue gegenüber der republikanischen Staatsform und der Demokratie im Allgemeinen vertiefen sollte, habe, so *Klaus-Peter Hufer*, ein „*statisches Staatsbild*"[179] verfochten, das nicht mehr als

---

[178] *Steinbach*, *Peter*: Historischen Grundlagen der politischen Bildung, in: *Sander*, *Wolfgang*/*Ders.*: Politische Bildung in Deutschland. Profile, Personen, Institutionen, Bundeszentrale für pol. Bildung, Bonn 2014, S. 25.
[179] *Hufer*, *Klaus-Peter*: Historische Entwicklungslinien der politischen Erwachsenenbildung, in: *Sander*, *Wolfgang*/*Steinbach*, *Peter*: Politische Bildung in Deutschland. Profile, Personen, Institutionen, Bundeszentrale für pol. Bildung, Bonn 2014, S. 124.

zukunftsfähig galt. Eine Demokratisierung des Verhältnisses zwischen dem Vermittler und den partizipierenden Kursteilnehmern sei, so zitiert *Hufer* den Autor Fritz Borinski, das modernere Konzept. Der Fortschritt bestehe darin, die Hörer und Rezipienten auf ihre Verantwortung als mündige Staatsbürger vorzubereiten und zur Selbsttätigkeit anzuregen.

Zusammengefasst lässt sich sagen, dass die 1950er-Jahre konzeptionell im Zeichen der Subjektivierung des Schülers oder des Absolventen stand. Für die Erwachsenenbildung, so verweist *Hufer* auf die Haltung Hans Tietgens, solle die Demokratisierung der Bildungsformen in didaktischer Hinsicht zum zentralen Zweck erhoben werden.[180] Damit einher ging die emanzipatorische Befähigung des Einzelnen, der aus der Rolle des inaktiven, zur Passivität erzogenen, staatsbürgerlich geschulten Mitbürgers ausbrechen konnte und durch Zutrauen neue „Selbstsicherheit" erlangte. Partizipieren sollte im Idealfall jeder, sodass die Erwachsenbildung dem Bürger diene, und das gerade dann, wenn er in einer bestimmten Weise benachteiligt war. Die späten 1950er- und die 1960er-Jahre wurden geprägt durch den zeitgenössisch vielverwendeten Begriff der „*realistischen Wende*", in dessen Zusammenhang wie bereits zuvor ein emanzipatorischer Aufbruch ausgerufen wurde. Modernisierung und Qualifizierung als sich ergänzende Grundprinzipien eines neuen Bildungsverständnisses dominierten den bildungspolitischen Diskurs. Man argumentierte zunächst vor allem aus der Sorge um ein Modernitätsdefizit im Vergleich zu den weltanschaulich rivalisierten Staaten jenseits des Eisernen Vorhangs. Jenes Verständnis beförderte einen Bildungsbegriff, der milieuabhängig einen kritischen Umgang mit

---

[180] ebd., S. 125.

den bestehenden fachlich-pädagogischen Methoden und Schwerpunkten zu Folge hatte.

Die 1970er-Jahre stehen dann voll und ganz im Zeichen des Beutelsbacher Konsenses. Dieser praktische Versuch zur Einhegung lange stattgefundener parteipolitischer Vereinnahmungsbemühungen trug, obwohl ihn Zeitgenossen als einen Minimalkonsens wahrnahmen, zur Abschwächung der parteipolitisch verfärbten, dogmatischen Vermittlung in der Bildungsarbeit bei.[181] Man fasste in der schwäbischen Landeszentrale für politische Bildung drei Grundprinzipien zusammen: Das Überwältigungsverbot, das Kontroversitätsgebot, und die Befähigung eines Rezipienten, einen Sachverhalt und Konflikt zu erfassen, zu überblicken, abzuwägen und eine eigene Position oder ein eigenes Vorgehen zu entwickeln. Die individuelle Urteilsfindung sollte gefördert werden. Eine sich in den 1970er-Jahren herausbildende Heterogenität sozialer Gruppen bewirkte eine neue Vielfalt im Bereich der Trägerschaften, die ursächlich für ein breiteres Spektrum politischer Bildungsangebote war. Die „instrumentelle Wende", mit welcher ausgehend von den 1980er-Jahren Rezipienten auf Herausforderungen durch globale wirtschaftliche Veränderungsprozesse vorbereitet wurden, folgte dem neuen Verständnis der Weiterbildung und -qualifizierung. Man erhoffte sich dadurch, mehr Experten heranzubilden und Vorreiter auch in der innovativen Entwicklung von Bildungsmaterialien zu sein.

---

[181] *Mambour*, *Gerrit*: Politische Bildung im Konflikt. Von der Studentenbewegung zum Beutelsbacher Konsens, in: *Sander*, *Wolfgang*/*Steinbach, Peter*: Politische Bildung in Deutschland. Profile, Personen, Institutionen, Bundeszentrale für pol. Bildung, Bonn 2014, S. 98 f.

Weil bisher nur die Entwicklungslinien der staatlichen Träger nachgezeichnet wurden, muss an dieser Stelle betont werden, dass überdies auch andere, etwa gewerkschaftliche und kirchliche Träger, sowie politische Stiftungen einen substantiellen Beitrag für die historisch-politische Bildung leisteten. Das 1953 neugegründete Reichsbanner kommt den politischen Stiftungen und den Gedenkstätten in seiner heutigen Form am nächsten. Jene in der Tradition des historischen Reichsbanners stehende Bildungsinstitution, die im weiteren Verlauf der Arbeit im Zentrum der Betrachtung stehen wird, wandelte sich nach einer für sie anfänglich schwierigen didaktischen Anpassungszeit. In die Phase des auslaufenden 20. Jahrhunderts - im Wesentlichen betrifft dies die späten 1980er- und die gesamten 1990er-Jahre - fallen strukturelle Veränderungen, die sich auf Ansatz, Konzeption und Praxis der Vermittlung auswirkten. Mehr als das subjektivistische Verständnis der *„reflexiven Wende"*, die die Orientierung an der individuellen Lebenswelt und einen systematischen Alltagsbezug pädagogisch förderte, war es die Entwicklung in den 1990er-Jahren, in deren Verlauf ein veränderter, stärker erlebnisorientierter Anspruch an Bildungsstätten gestellt wurde.[182] Historische Orte verstand man als Begegnungsstätten, die den Charakter eines einzigartig, neu gestalteten Lernumfeldes übertragen bekamen, ob dies nun zu dem originären, zeitgenössischen Charakter des Ortes passte oder nicht. Das bedeutet nicht, dass das Prinzip der Begegnungsstätte nicht zukunftsfähig ist. Das Gegenteil ist korrekt, denn heute ist es vor allem die Arbeit an historischen Orten, die in Kombination mit dem Konzept der Erlebnisstätte eine erfolgreiche Phase im Bereich der Gedenkstättenarbeit prägt.

---

[182] *Hufer*, Historische Entwicklungslinien, S. 131.

Im Hinblick auf den Abbau staatlicher Mittel, der, so meint *Hufer*, in den 1990er-Jahren vor allem auf eine schärfere Kosten-Nutzen-Relation zurückging, stellte dieses Vorgehen für die historisch-politische Erwachsenenbildung allerding keine konsistente Methode dar.[183]

6.2 Geschichtspolitik und Erinnerungskultur heute

> *„Der öffentliche Umgang mit Geschichte sowie Debatten über adäquate Formen des Erinnerns bringen Aspekte der politischen Kultur und des politischen Selbstverständnisses einer Gesellschaft zum Ausdruck und vermitteln Zugehörigkeit."*[184]

Diese Feststellung *Edgar Wolfrums* bringt die Wechselwirkung zwischen einer Gesellschaft und ihrem Geschichtsverständnis prägnant auf den Punkt. Historisches Wissen aufzunehmen, es einzuordnen und einen öffentlichkeitswirksamen Umgang damit zu finden sind Schritte, die für die gesellschaftliche Rezeption von Geschichte in Form einer ausgeprägten *Geschichtskultur* unerlässlich sind. *Wolfrum* warnt zugleich, bestimmte Fachtermini miteinander zu vermengen, da die Gefahr, dass Trennlinien zwischen jenen verschwimmen früher wie heute virulent ist. Um also die *Geschichtspolitik* und *Erinnerungskultur* der heutigen Zeit zu skizzieren, sollten die ver-

---

[183] ebd., S. 132.

[184] *Wolfrum*, *Edgar*: Erinnerungskultur und Geschichtspolitik als Forschungsfelder. Konzepte-Methoden-Themen, in: *Scheunemann*, *Jan*: Reformation und Bauernkrieg. Erinnerungskultur und Geschichtspolitik im geteilten Deutschland, Leipzig 2010, S. 15.

wendeten Begriffe zunächst definiert und voneinander abgegrenzt werden. *Geschichtskultur* zu erzeugen setzt voraus, dass ein Bewusstsein für historische Vorgänge, Kausalitäten und Entwicklungen besteht. Die Fähigkeit zur Aufnahme, zur Einordnung und zum Verstehen thematischer Zusammenhänge bildet die Basis für ein vorhandenes Geschichtsbewusstsein. *Karl Ernst Jeismann*, der als Vordenker des *Geschichtsbewusstseins* als wissenschaftlichem Terminus bekannt geworden ist, definiert ihn „*in einem sehr allgemeinen Sinne als das Insgesamt der unterschiedlichen Vorstellungen von und Einstellungen zur Vergangenheit genommen.*"[185] *Geschichtsbewusstsein* subsumiert demnach nicht nur geschichtliche Eindrücke, die infolge eigenen Erlebens entstanden sind, sondern im engeren Sinne auch diejenigen, die durch Berichte von außen, etwa durch Quellen, Erzählungen, Briefe oder durch mediale sowie didaktische Vermittlung wahrgenommen und verarbeitet wurden. Neben *Jeismann* zählen *Jörn Rüsen* und *Hans-Jürgen Pandel* zu den Begründern der modernen Geschichtsdidaktik, als deren zweiter Baustein - neben dem ersten „Geschichtsbewusstsein" - der Begriff der *Geschichtskultur* zu verstehen ist. *Geschichtskultur* meint nach *Rüsen* die öffentlich wahrnehmbare, darstellende Präsenz von Geschichte, über die eine Gesellschaft historische Ereignisse, Entwicklungen und

---

[185] *Jeismann*, *Karl-Ernst*: Didaktik der Geschichte. Die Wissenschaft von Zustand, Funktion und Veränderung geschichtlicher Vorstellungen im Selbstverständnis der Gegenwart, in: *Kosthorst*, *Erich* (Hg.): Geschichtswissenschaft. Didaktik – Forschung – Theorie, Göttingen 1977, S. 12 f.

Zusammenhänge verarbeitet und zu einem Urteil über jene findet.[186] *Geschichtskultur* verfolgt einen Zweck, was sich auch beispielhaft an der Benennung von Straßen, Gebäuden und Institutionen zum Gedenken an und zur Ehrung von Persönlichkeiten, Orten oder Ereignissen darstellen lässt.

In Bonn weisen z. B. die Bismarckallee, die Langemarckstraße, das Beethoven-Gymnasium, die Stauffenbergstraße oder die Benennung anderer Plätze, Gebäude und Institutionen nach Bundeskanzlern, Bundespräsidenten und Politikern aus der Weimarer Republik ein breites Spektrum an historischen Bezügen auf. Die Erinnerung an das deutsche Kaiserreich, an den Ersten Weltkrieg, an die Weimarer Republik und an die Bundesrepublik ist auch dadurch ebenso vorhanden wie die Präsenz lokalhistorischer Persönlichkeiten. Mithilfe einer derartigen geschichtskulturellen Darstellung verarbeitet z. B. eine städtische Gesellschaft wie die Bonns ihr kollektives Geschichtsbewusstsein über Jahrzehnte hinweg.

Wie vollzieht sich der normativ nachvollziehbare Schritt von *Geschichtsbewusstsein* über *Geschichtskultur* zur *Geschichtspolitik*? *Pandel*, der dazu früh einen pionierhaften Forschungsansatz vertrat, hält fest, dass *Geschichtspolitik* noch ein vergleichsweise   neuartiger   zeitgeschichtlicher Forschungsgegenstand ist. Als einer der ersten Didaktiker definierte *Pandel Geschichtspolitik* als „*den politischen Gebrauch von Geschichte*".[187] Weiterhin kennzeichne sie „*das*

---

[186] **Rüsen**, **Jörn**: Geschichtskultur, in: **Bergmann**, **Klaus (Hrsg.)**, Handbuch Methoden im Geschichtsunterricht, Schwalbach im Taunus 2016, S. 38.
[187] **Pandel**, **Hans-Jürgen** (Hrsg.): Geschichtsdidaktik. Eine Theorie für die Praxis, Forum Historisches Lernen, Schwalbach im Taunus 2013, S. 161 f.

Bemühen politisch-gesellschaftlicher Gruppen, eine bestimmte Sicht von und auf Geschichte, mit politisch, vor allem gesetzgeberischen Mitteln durchzusetzen".[188] Eine solche Praxis lässt sich auch und insbesondere in autokratischen, diktatorischen bzw. totalitären Systemen beobachten. Vonseiten der Regierenden wird in diesen Fällen eine politische Agenda verfolgt, die infolge eingeschränkter Informationsmöglichkeiten von einem staatlichen Informationsmonopol geprägt ist.

Etwas anders liegt der Fall bei gesellschaftlichen und politischen Gruppen, die in einem Gemeinwesen in der Mehrheit aber durchaus auch in der Minderheit sein können. Diese betrachten sich zum Beispiel durch gemeinsames oder einander verbindendes Erleben eines Ereignisses oder einer Entwicklung als homogene Gemeinschaft. Dies trifft auf ethnische, religiöse, kulturelle oder politische Minderheiten zu. Wenn Politiker in der Nachkriegszeit von „den" Vertriebenen im zeitgeschichtlichen Kontext sprachen oder von „den" Mitarbeitern des MfS oder „den" Ostdeutschen im heutigen Kontext der Aufarbeitung der SED-Diktatur gesprochen wird, ging mit der parteipolitischen oftmals eine geschichtspolitische Positionierung einher. Gegenstand *geschichtspolitischer* Debatten war in der deutschen Geschichte, dies zeigt *Edgar Wolfrum* in einem Standardwerk, in dem es um die Etappen bundesdeutscher Erinnerungskultur geht, bereits die Revolution 1848.[189] Ein Verband, der sich mit republikanischem Pathos früh dazu

---

[188] ebd.
[189] *Wolfrum, Edgar*: Geschichtspolitik in der Bundesrepublik Deutschland: Der Weg zur bundesrepublikanischen Erinnerung 1948-1990, Darmstadt 1999, S. 39 ff.

bekannte, war unter anderem, so zeigt der erste Themenkomplex, das Reichsbanner Schwarz-Rot-Gold in der Weimarer Republik.

Auch hat es *Geschichtspolitische* Auseinandersetzungen nach dem Untergang des Dritten Reiches in der im Aufbruch begriffenen Bonner Republik gegeben - sowohl um den Stellenwert der Weimarer Republik als auch um den des Reichsbanners. Zu betonen ist aber, dass das Reichsbanner als ehemaliger Veteranenverband nach 1945 eindeutig weniger Beachtung fand als die erste deutsche Demokratie. Dies liegt zum einen in seinem historischen Schicksal begründet, welches ihn für Zeitgenossen zu einem unbeliebten Relikt der noch unverarbeiteten schmerzhaften Vergangenheit degradierte.[190] Zum zweiten hängt die geringere Aufmerksamkeit, die dem Reichsbanner zu Teil wurde, mit der *erinnerungskulturellen* Überlagerung seines nur neunjährigen Bestehens zusammen. Es waren andere Ereignisse, Personen und Anknüpfungspunkte, die sich zu jener Zeit eher für eine *geschichtspolitische* Auseinandersetzung eigneten. Dazu zählten: Die Revolution der Matrosen, Arbeiter und Soldaten, die sich in zeitlicher Abfolge ereignende Abdankung des Kaisers der Hohenzollern, Wilhelm II., die Schaffung der parlamentarischen Demokratie und schließlich die wirtschaftlichen Ängste der Zeitgenossen, innere Unruhen, die Gewalt, die vermeintliche Unterrepräsentierung von Republikanern in der Gesellschaft und der aufziehende politische Extremismus. Diese Debatten trugen sich in einer Art „*prekä-*

---

[190] ***Ziemann***, Zukunft, S. 69 f.; vgl. ***Weber***, ***Jürgen***: Das Reichsbanner im Norden. Ein Bollwerk der Demokratie?, in: Demokratische Geschichte: Jahrbuch für Schleswig-Holstein, 20 (2009), S. 127.

rer Selbstversicherung" zu, wodurch ein heute längst antiquiertes Bild von der Weimarer Republik geprägt wurde. Dem Titel eines Aufsatzes von *Jörn Leonhard* nachempfunden, trifft diese zitierte Formulierung den Charakter des zeitgenössischen Reflexes, das demokratische Modell der Bonner Republik von der in der Rückschau als schwach empfundenen Weimarer Republik abzugrenzen.[191] Obwohl ihr Scheitern - wie bereits erörtert - trotz vieler wehrhafter Republikaner vor allem auf die eigenen Gegner in der Exekutive zurückgeht, dominierte das Krisen-Narrativ lange den öffentlichen Diskurs.

Geschichtspolitik äußerte sich zugleich nach außen in einem Wettstreit um die Deutungshoheit mit dem systemrivalisierenden Nachbarn, der DDR. Ein Beispiel ist der Streit um die Rollen der KPD und der SPD in der Weimarer Republik, die während des Eisernen Vorhangs in Ost und West gegensätzlicher nicht hätten interpretiert werden können. In der DDR ging es soweit, dass sich die öffentliche Erinnerung an die Agitation gegen die NSDAP und später an den Widerstand gegen den Totalitarismus in einer unkritischen Darstellung erschöpfte. Die Revolution von 1919, die durch ihren erfolgreichen Ausgang die Republik ermöglichte, bekam dem Geschichtsbild der SED entsprechend, den Ruf einer missglückten Revolution bürgerlicher Kräfte, welche erst durch die Staatsgründung der DDR zum Abschluss gebracht worden sei.[192] *Alexander Gallus*

---

[191] **Leonhard**, **Jörn**: Prekäre Selbstversicherung. Die Weimarer Republik als Metapher und geschichtspolitisches Argument, in: Aus Politik und Zeitgeschichte (18-20/2018).
[192] **Gallus**, **Alexander**: Die vergessene Revolution von 1918/19 - Erinnerung und Deutung im Wandel, in: **Ders**. (Hrsg.): Die vergessene Revolution von 1918/19, Göttingen 2010, S. 24 f.

zeigt anhand der noch in den 2000er-Jahren politisch vorgetragenen „*Verratsthese*" gegen Friedrich Ebert und die Mehrheitssozialdemokratie in Bezug auf die Spaltung der Arbeiterschaft ab 1919 auf, wie tief geschichtspolitische Erzählstränge sich über Jahrzehnte festigen können.[193] In Westdeutschland war ein Interesse an einer Würdigung und an einer Erinnerung an die Novemberrevolution in der Öffentlichkeit anfangs kaum vernehmbar, da sie als Geburtshelfer der gescheiterten Weimarer Demokratie wahrgenommen wurde. Nur allmählich, mit Beginn der Forschungskontroversen um die Handlungsspielräume der damaligen SPD-Führung begann sich auch das Interesse außerhalb der Geschichtswissenschaft an der Geburtsstunde der Weimarer Republik zu entwickeln. Wenn die Revolution 1918/19 heute infolge fortgeschrittener Historisierung einen festen Platz in der deutschen Geschichtskultur hat, so steht sie doch deutlich hinter anderen Ereignissen der deutschen Geschichte wie dem 08. Mai, dem Mauerfall oder dem Tag der deutschen Einheit zurück.

Dieses Schicksal ereilte auch andere Jahrestage der Weimarer Republik, etwa den des Beschlusses der Reichsverfassung oder der Konstituierung der verfassungsgebenden Nationalversammlung. Dabei ist hervorzuheben, dass insbesondere eine Würdigung dieser beiden Jahrestage gerechtfertigt wäre. Im Hinblick auf die in der Reichsverfassung von Weimar niedergelegten wegweisenden demokratischen Schlüsselelemente erscheint es nicht mehr zeitgemäß, die Weimarer Republik aufgrund ihrer Destabilisierung und Abschaffung durch ihre Gegner im geschichtskulturellen Gedächtnis verblassen zu lassen. Gesellschafts- und sozialpolitischen Fortschritten der

---

[193] ebd., S. 20 ff.

Weimarer Legislative aber auch dem Erbe wehrhafter Demokraten und Republikaner, ob inner- und außerhalb des Reichsbanners organisiert, würde man in diesem Fall nicht gerecht
werden.[194] *Franka Maubach, Ursula Büttner* und *Jörn Leonhard* erörtern in Beiträgen, wie ambivalent die Weimarer Republik aktuell in der Forschung betrachtet wird. Diese Republik, die auch viele Gestaltungschancen bot, wird in ihrer
Entwicklung mehrheitlich jedoch bis zuletzt als offen erachtet.
Jene *„politische Gestaltungsoffenheit"*[195] entspricht dem über-
wiegenden Forschungskonsens und wird durch die Reichsbannerforschung untermauert. *Michael Dreyer* weist in dieser Debatte darauf hin, dass die erste deutsche Republik von
existenziellen Gefährdungen und demokratiefeindlichen Ele-
menten häufiger und ernsthafter bedroht war, als die Bonner
und die Berliner Republik es jemals fürchten mussten. Dennoch sei sie, hintertrieben von ihren Repräsentanten, eine um-
kämpfte aber auch eine wehrhafte Demokratie gewesen.[196]

In Anbetracht dessen muss es verwundern, dass bisherige
Schritte auf dem Weg zu einer breiten und öffentlich sichtbaren

---

[194] *Büttner, Ursula*: Weimar - Überforderte Republik und
überforderte Bürger, in: *Braune, Andreas/Dreyer,
Michael*: Weimar als Herausforderung. Die Weimarer Republik und die Demokratie im 21. Jahrhundert, in: Weimarer
Schriften zur Republik, Stuttgart 2016, S. 86 f.
[195] *Maubach, Franka*: Weimar (nicht) vom Ende her denken.
Ein skeptischer Ausblick auf das Gründungsjubiläum 2019,
in: Aus Politik und Zeitgeschichte (18-20/2018).
[196] *Dreyer, Michael*: Weimar und die Bundesrepublik
Deutschland, in: *Ders . /Braune, Andreas*: Weimar als Herausforderung. Die Weimarer Republik und die Demokratie im
21. Jahrhundert, Stuttgart 2016, S. 300.

Geschichtskultur zur Weimarer Republik, die sich auch in einer ausgeprägten Erinnerung an das Reichsbanner ausdrücken müsste, über einzelne vielversprechende Ansätze gegenwärtig nicht hinauskommt. *Pandel* bezeichnet *Erinnerungskultur* als *„den generationsspezifischen Umgang sozialer Gruppen mit ihren eigenen Erinnerungen"*[197]. Der heutige nach 1945 gegründete Reichsbannerverband, der im Folgenden im Mittelpunkt der Untersuchung stehen wird, hat sich zum Ziel gesetzt, den oben beschriebenen Missstand zu beheben. Dabei werden die Bemühungen des Verbandes, einen Beitrag für einen erinnerungskulturellen Umgang mit dem historischen Verband zu leisten, als wichtigster Antrieb deutlich herausstellt. Angesichts einer überaus begrenzten Forschungsdichte und eines selbst heute nicht besonders hohen Interesses an dem republikanischen Veteranenverband, überrascht es nicht, wie unbekannt das Reichsbanner heute ist. Eine umfangreichere erinnerungskulturelle Auseinandersetzung könnte das leisten, was *Dreyer* fordert: Weimar brauche *„einen besseren Leumund."*[198]

Erinnerungskulturelle Aufmerksamkeit wurde bisher in erster Linie wichtigen Repräsentanten der ersten deutschen Republik zuteil. Für die Kenntnis, dass einige von ihnen Mitglied des Reichsbanners waren und sich für die Republik über ihr staatliches Amt hinaus auch weitergehend einsetzten, bedarf es hingegen einschlägigen Wissens. Zu nennen sind etwa Paul Löbe,

---

[197] *Pandel*, Geschichtsdidaktik, S. 162.
[198] *Dreyer*, *Michael*: Was bleibt? Fragen an die Nachgeschichte einer Republik, in: *Ulbricht*, *Justus H.*: Weimar 1919 - Chancen einer Republik: Begleitband zur Ausstellung Weimar 1919 - Chancen einer Republik der Stadt Weimar, Köln/Weimar/Wien, S. 49.

Friedrich Ebert oder Theodor Heuss. Es kommt nicht von ungefähr, dass viele Persönlichkeiten des Reichsbanners nur in den wenigsten Fällen aufgrund ihrer Verbandstätigkeit Bekanntheit erlangten. In der Geschichtskultur sind sie dagegen seit langem präsent, weil sie für ihren Dienst an der Partei in schwieriger Zeit geehrt wurden, weil sie in der Bundesrepublik Ämter bekleideten oder weil sie sich am Widerstand gegen den Nationalsozialismus beteiligt haben. Man denke an Otto Wels, Kurt Schumacher, Erich Ollenhauer, Carlo Mierendorff oder Julius Leber. Andere Mitglieder, die die Arbeit des Verbandes prägten, sind dagegen nahezu in Vergessenheit geraten. Hoffnung gibt in diesem Zusammenhang das Haus der Weimarer Republik, das in den Räumlichkeiten des Nationaltheaters in Weimar seinen Sitz hat, eine interaktive Dauerausstellung beherbergt und auch weiterführende Bildungsarbeit leistet. Darüber hinaus sind es personenbezogene Stiftungen und museale Einrichtungen, die sich mit dem Erbe der Weimarer Republik, ihren Repräsentanten und einzelnen Republikanern auseinandersetzen. Mit dieser historisch-politischen Bildungsarbeit und ihrem Beitrag für eine Erinnerungskultur, die die erste deutsche Republik aber auch das Reichsbanner voll umfänglich einbezieht, ist der heutige Verband jedenfalls nicht auf sich allein gestellt, sondern eingebettet in eine integrative Geschichtskultur.

6.3 Reichsbanner und Weimarer Republik in Forschung und Lehre

„Stärker als bei jeder anderen Massenorganisation in den 1920er-Jahren war die Sicherung und Stärkung

der Republik das eigentliche Anliegen des Reichsbanners und seiner Mitglieder. Wenn die Republik eine Zukunft haben sollte, im Sinne eines in der Gegenwart umrissenen Möglichkeitsraums, so musste diese Orientierung an der Zukunft in der Sprache und politischen Praxis des republikanischen Verbandes ihren Ausdruck finden. "[199]

Benjamin Ziemanns methodische Einführung ist sinnbildlich für den Historisierungsprozess der Weimar-Forschung und für daraus abzuleitende Folgen für die Erforschung des Reichsbanners. Denn es ist zutreffend, was *Ziemann* vor dem zitierten Absatz vorausschickt, nämlich, dass sich seit zwei Jahrzehnten ein ambivalentes Forschungsbild über die Weimarer Republik durchsetzt. Das veraltete „*traditionelle Narrativ einer Krise in Permanenz*"[200], fand durch frühere Forschungsansätze, aber auch infolge der unkritischen Darstellung nach außen Verbreitung in der Öffentlichkeit und in der Lehre. Geschichtspolitische Stigmata über die Weimarer Republik hielten und halten sich mancherorts noch hartnäckig und prägten auch die öffentliche Beurteilung des Reichsbanners. *Ziemann* macht damit auf ein anderes Problem aufmerksam, das eine umfassende Erforschung des Reichsbanners erschwerte: Die Verknüpfung der Republikschutzorganisation als Forschungsgegenstand mit einer lange anhaltenden kontroversen und wechselhaften Behandlung Weimars durch die westdeutsche Geschichtswissenschaft. Daher fällt es schwer, die Reichsbannerforschung isoliert von den Forschungsproblemen der Weimarer Republik zu betrachten.

---

[199] ***Ziemann***, Zukunft, S. 12.
[200] ebd., S. 9.

Abgesehen von dem, lange Zeit ausgeprägten Reflex, die Weimarer Republik lediglich mit politischer Instabilität zu assoziieren, indem etwa vor „*Weimarer Verhältnissen*" gewarnt wird, stand einer frühen differenzierten Bewertung oder der Würdigung der historischen Leistung des Reichsbanners auch eine realpolitische Grundproblematik entgegen. Diese äußert sich darin, dass die Wehrhaftmachung der Bundesrepublik mit anderen Mitteln, mit einem anderen Verständnis und unter anderen innen- wie außenpolitischen Gegebenheiten erfolgte. Unter die Parameter für eine idealtypische wehrhafte Demokratie subsumierten Zeitgenossen die Gewähr wirtschaftlicher Prosperität, ein starkes sozialstaatliches Fundament, ein stabiles Parteienspektrum mit demokratischen Volksparteien und einen Garanten für den Erhalt der inneren Ordnung. Für den letzten Parameter war der Organisationstyp des Reichsbanners mit dessen Drang zur Sichtbarkeit militärischer Präsenz nach außen und mit dem zivilkulturellen Fortleben militärischer Traditionen, die für die 1920er-Jahre zeittypisch waren, buchstäblich aus der Zeit gefallen.[201]

Dass *Karl Rohe* bereits 1966 im Rahmen seiner Dissertation eine erste umfassende Studie zum Reichsbanner vorgelegt hat, welche *Sebastian Elsbach* und anderen später als Fundament für deren Untersuchungen diente, ist ein wichtiger Schritt gewesen. Doch dem gelungenen Einstieg in die Reichsbannerforschung folgten lange keine substantiell neuen Erkenntnisse in Form ergänzender Studien, womit die Ergebnisse der Arbeit *Rohes* vergleichend hätten eingeordnet werden können. Erst infolge des deutlichen Wandels in der Weimar-Forschung zum Anbruch der Jahrtausendwende erörterten Historikerinnen und Historiker regionale Verbandsstrukturen des Reichsbanners.

---

[201] *Elsbach*, Reichsbanner, S. 573 f.

Carsten Voigt legte 2008 eine Pionierarbeit über das sächsische Reichsbanner, das neben dem Berliner Pendant im republikweiten Vergleich den größten Einfluss auf den Bundesverband besaß, vor. *Marcel Böhles* untersuchte im Jahr 2016 die strukturellen Gegebenheiten im Südwesten der Weimarer Republik. Der Neuordnung der Bundesländer nach 1945 entsprechend, betraf dies den südlichen Teil von Rheinland-Pfalz und das Nachbarland Baden-Württemberg. Obwohl das Reichsbanner im Südwesten mit Ausnahme des Gaus Baden im geographischen Vergleich eher schwach ausgebildet war - ihre Mitgliederzahl lag bei etwa 4.000 in Württemberg und bei 1.600 in Stuttgart - gelang *Böhles* eine ausgewogene Untersuchung, in der der zivilkulturelle Charakter des Reichsbanners und sein Verbandsleben breiten Raum einnahmen. *Ulrich Schröder* beschäftigte sich 2013 mit dem Ortsverein Vegesack in der Umgebung Bremens, der durch das Wirken Willy Dehnkamps als Ortsvorsitzender und wegen des Aufbaus der dortigen *Schufo* bekannt wurde. In der Bundesrepublik amtierte Dehnkamp dann später als Präsident des Bremer Senats und als Bremer Bürgermeister. *Axel Ulrich* arbeitete bereits 1988 Präsenz und republikanische Agitation des hessischen Reichsbanners heraus. *Jürgen Weber* verfasste einen Beitrag über das Hamburger Reichsbanner, das angesichts seiner Mitgliederstärke und seines Engagements mit dem Reichsbanner in Berlin und Sachsen zu den tonangebenden Gauverbänden zählte. In Weimar selbst und in Jena ist ein breites Netzwerk zur Weimar-Forschung entstanden, das Formate zur historisch-politischen Bildungsarbeit vor Ort und landesweit in Thüringen fördert. Die flächendeckende Präsenz historischer Lernorte wird noch eingehender im Unterkapitel 7.2 thematisiert, weil diese nicht nur wissenschaftlich, sondern auch institutionell eng mit der Forschungsstelle Weimarer Republik in Jena verknüpft sind. Von dort bestehen auch Verbindungen zum heutigen Reichsbannerverband, der damit das Gros der Akteure der historisch-politischen Bildung um eine weitere einschlägige Bildungsinstitution anreichert.

Die regionale Vertiefung der Reichsbannerforschung ist ein Beleg dafür, dass das gesellschaftliche Interesse an der Republikschutzorganisation, dem damals größten Massenbündnis, gestiegen ist. Das ist zum Teil auf das beschriebene, heute differenziertere, positivere Bild von der Weimarer Republik zurückzuführen. Weimar als ein „*Laboratorium*"[202] der Moderne zu begreifen, in der „*Zukunftsaneignungen*" aufeinandertrafen, die sich in der politischen Auseinandersetzung rivalisierend gegenüber-, aber trotzdem nebeneinander standen, folgt einem mentalitätsgeschichtlichen Ansatz, der in der jüngeren Forschung an Kontur gewonnen hat.[203]

Dadurch, dass in Deutschland vor der Weimarer Republik keine parlamentarische Demokratie in vergleichbarer verfassungsrechtlicher Ausgestaltung existierte, konnte sie sich - mit Ausnahme der Revolution von 1948 - auf keine demokratischen Traditionen stützen. Da die Republik 1919 aus der Not geboren und als Experiment eingerichtet wurde, ist es aufschlussreich zu sehen, wie etwa *Peter Fritzsche* 1996 in seinem Aufsatz „*Did Weimar fail?*" und andere Historikerinnen und Historiker die Offenheit des historischen Ausgangs Weimars

---

[202] *Müller*, Das demokratische Zeitalter, S. 86.
[203] *Graf, Rüdiger*: Die Zukunft der Weimarer Republik. Krisen und Zukunftsaneignungen in Deutschland 1918-1933, München 2008, S. 13.

tiefergehend untersuchten.[204] Dabei darf der Ansatz *Fritzsches* nicht mit der These *Theodor Eschenburgs*, der die Weimarer Republik eine *„improvisierte Demokratie"* nannte, vermengt werden. Im Wesentlichen besteht aber in der jüngeren Forschung Einigkeit, dass Weimar eben doch ein *„Experimentierfeld für politisch-gesellschaftliche Ordnungsvorstellungen"*[205] war, aus dem nicht unbedingt der politische Extremismus und als Folge dessen die totalitäre Diktatur hätte hervorgehen müssen.

Die Frage, welche Rolle das Reichsbanner in der *Lehre* spielt lässt sich pauschal nicht konkret beurteilen. Doch gibt *Michael Dreyer* mit seiner Recherche beispielhaft Auskunft darüber, mit wie wenig Nachdruck die Geschichte der Weimarer Republik an den Hochschulen der Bundesrepublik im Wintersemester 2015/16 vermittelt wurde. *Dreyers* Auswertung von einundzwanzig untersuchten Hochschulen ergab, dass aus dem Semesterprogramm insgesamt nur vier Veranstaltungen aus den geschichtswissenschaftlichen Instituten und eine Veranstaltung aus einem politikwissenschaftlichem Institut einen expliziten Themenbezug zur Weimarer Republik aufwiesen - von einem Bezug zum Reichsbanner ganz zu schweigen.[206]

---

[204] *Fritzsche*, *Peter*: Did Weimar fail?, in: Journal of Modern History (68), 1996, S. 629-656.

[205] *Gallus*, *Alexander*: Auf dem Weg zur Reaktualisierung durch Historisierung. Die vergessene Revolution 1918/19 revisited, in: *Braune*, *Andreas/Dreyer*, *Michael*: Weimar als Herausforderung. Die Weimarer Republik und die Demokratie im 21.Jahrhundert, in: Weimarer Schriften zur Republik, Stuttgart 2016, S. 16.

[206] *Dreyer*, Weimar und die Bundesrepublik Deutschland, S. 295.

Als Stand der neueren Forschung bleibt festzuhalten, dass trotz aller Bedrohungen für die Demokratie in der damaligen Zeit, das Beispiel des Reichsbanners zeigt, dass es demokratische Kräfte von der Orts- bis auf die Reichsebene gab, die die Werte von Demokratie und Republik identitätsstiftend pflegten, für Ausgleich nach innen wie nach außen warben und den Verbandskonsens öffentlichkeitswirksam vertraten. Das Reichsbanner wirkte in unterschiedliche Gesellschaftsbereiche bis in den Staatsdienst hinein, trieb selbst Demokratisierungsprozesse voran, die sich zumindest in Preußen bewährten. Das Reichsbanner eignet sich aufgrund der milieuübergreifenden Verankerung in der Gesellschaft und seiner bis zum Ende beibehaltenen Stärke als Beleg dafür, dass es ein längst überfälliger Schritt ist, die Weimarer Republik nicht nur über ihr Ende zu definieren. Die Tendenz der jüngeren Forschung verspricht daher auch für die Zukunft weiterführende Ergebnisse. Dass dem Reichsbanner - anders als in der Bonner Republik - nicht mehr nur das Diktum des Scheiterns der Weimarer Republik anhaftet und sich die Reichsbannerforschung langsam aus deren Schatten löst, kann in gewisser Weise als Meilenstein gesehen werden. Dadurch, dass sie sich zu emanzipieren beginnt, werden für die Reichsbannerforschung als eigenes Forschungsfeld neue Perspektiven sichtbar.

6.4 Wie ist umzugehen mit dem geschichtspolitischen Erbe des Verbands?

Die Weimarer Republik wird in der wissenschaftlichen Retrospektive oft als gescheitert betrachtet, weil die Republikaner um das Reichsbanner, die Eiserne Front und die Weimarer Parteien die Abschaffung der Demokratie auf den ersten Blick ohne größere Gegenwehr hinnahmen. Um nun das geschichts-politische Erbe des Verbandes zutreffend einordnen zu können, ist es wichtig, die Endphase der Weimarer Republik genauer in den Blick zu nehmen. Ein Schlüsselereignis zur Machtübertragung an Hitler war in innenpolitischer Hinsicht der am Ende des Kapitel 5 erwähnte Preußenschlag am 20. Juli 1932. Dabei sind die Gründe dafür, dass das Reichsbanner diesen Akt der politischen Willkür nicht mit einem bewaffneten Aufstand be-antworten konnte oder wollte, bis heute nicht abschließend ge-klärt worden. Fest steht aber, dass das Reichsbanner noch vor 1932 und damit vor der Phase erhöhter Gewalt im Zuge der Reichstagswahl erhebliche Schwächungen hinnehmen musste. Dazu trug neben der geringer werdenden Betätigung der Libe-ralen und Christdemokraten in den unteren Organisationsebe-nen, die Marginalisierung der liberalen Parteien, der innere Konflikt der Zentrumspartei und die Abspaltung der Hörsing-Partei bei. Auch die politischen Vertreter des Pazifismus, die sich mehrheitlich in der DDP eingebracht hatten, wandten sich infolge der Gründung der Deutschen Staatspartei der linkslibe-ralen Radikaldemokratischen Partei zu oder beendeten ihre parteipolitische Tätigkeit ganz. Es blieb für sozialdemokrati-sche Mitglieder keine andere Möglichkeit, als ihr noch vorhan-denes Organisationsvermögen durch Zusammenfassung in ei-nem Bund wie dem der Eisernen Front zu konzentrieren. Dabei ergab sich für das Reichsbanner in seiner Funktion als Kampf-verband ein Problem, das über die abnehmende politische Ver-netzung noch hinausging: Es war die Erkenntnis, dass man die staatlichen Organe und die Reichswehr zum Gegner gehabt und wahrscheinlich die Polizei nicht geschlossen hinter sich gehabt hätte. Um eine zügige Reaktion von republikanischer Seite ermöglichen zu können, hätte man *Winkler* zufolge, früher Vorbereitungen treffen müssen.[207] *Ziemann* berichtet zudem, dass sich nach dem 20. Juli 1932 *„gravierende Symptome der Entmutigung und Einschüchterung"*[208] eingestellt hätten. Auch darf die immanente Bedrohungslage für Reichsbannermänner nicht außer Acht gelassen werden. Nicht selten wurden Funktionäre auf der Straße angepöbelt oder überfallen. Der bekannteste Fall war der des Johannes Stelling, langjähriger Ministerpräsident von Mecklenburg-Schwerin, der bereits vor 1932 im Verlauf der *„Kieler Blutwoche"* mit anderen Mitstreitern verschleppt und ermordet worden war. Zu den alltäglichen Bedrohungen kam hinzu, dass das Reichsbanner auf einen Staatsstreich von oben nicht vorbereitet war. Obwohl das Kabinett Brüning nicht republikanisch besetzt war, tolerierte es die SPD und konnte so ihren politischen Einfluss bis 1932 aufgrund ihrer immer noch respektablen Vertretung im Parlament geltend machen. Die Verkörperung des *„Weimarer Geistes"*[209] durch die Männer in Reichsbanneruniform reichte, so ist die Rechtfertigung des damaligen Reichsinnenministers Severing zu verstehen, nicht aus, um sie für eine Konfrontation mit der Reichswehr angemessen auszurüsten. *Elsbach* zitiert Severing in bitterer Rückschau:

> *„Das Reichsbanner Schwarz-Rot-Gold war immer bereit, sich den verfassungsmäßigen Regierungen zur Verfügung zu stellen, wenn sich die Notwendigkeit ergeben hätte, Anschläge der Verschwörer-Organisationen abzuwehren. Für einen Kampfeinsatz aber hätte eine Voraussetzung erfüllt sein müssen, nämlich das*

---

[207] **Winkler**, Weimar, S. 501.

[208] **Ziemann**, Zukunft, S. 63.

[209] **Severing, Carl** (Hrsg.): Mein Lebensweg: Im Auf und Ab der Republik, Köln 1950, S. 355.

Reichsbanner so auszurüsten, dass es mit seinen Machtmitteln denen der anderen Seite in etwa gleichgekommen wäre. In diesem Umfange konnten die Verbände des Reichsbanners jetzt, wo gegen die Reichswehr hätte gekämpft werden müssen, unmöglich bewaffnet werden. "[210]

Bedeutsam war nicht nur, dass das Reichsbanner einen defensiven Charakter aufwies und mit Ausnahme der Schufo für einen Kampfeinsatz nicht ausgebildet war. Severing selbst hatte als preußischer Innenminister lange eine systematische Kooperation zwischen Reichsbanner und Polizei nicht nur abgelehnt, sondern verhindert. Auch von der SPD, die die Betätigung ihrer Mitglieder im Reichsbanner phasenweise als Störfaktor für die eigene politische Arbeit empfunden hatte, und den anderen republikanischen Parteien war keine substanzielle Hilfe zu erwarten. Die theoretische Alternative einer Volksfront der Arbeiter, in der sich SPD, Eiserne Front inklusive des Reichsbanners und die KPD mit ihrem Rotfrontkämpferbund hätten zusammentun können, war aufgrund der fortgeschrittenen Spaltung nicht umsetzbar.

So war letztlich das Eingreifen, das angesichts der personellen Stärke und der Motivation vieler republikanischer Kameraden theoretisch möglich gewesen wäre, aus einer Vielzahl unterschiedlicher, nachvollziehbarer Gründe keine realistische Option. Severings Worte, aber auch die Erinnerung Otto Brauns, die *Elsbach* mit seinen Lesern teilt, zeigen, dass führende Republikaner dem Reichsbanner die bewaffnete Verteidigung der demokratischen Ordnung nicht zutrauten und oder die Konfrontation im Hinblick auf die unkalkulierbaren politischen

---

[210] ebd.

Folgen scheuten.[211] Geschichtspolitisch hat sich das Reichsbanner aufgrund des sich zunehmend durchsetzenden differenzierten Forschungsbildes einen festen Platz in der deutschen Demokratiegeschichte verdient. Nicht nur verinnerlichten die Männer des Verbandes, die Frauen im RRB und die Jungbannerkameraden die Werte des demokratischen Neubeginns 1918/19, sondern setzten sich aktiv und öffentlich gegen eine von der parlamentarischen, völkischen Rechten propagierte Geschichtsklitterung zur Wehr. Das Reichsbanner verteidigte Grundrechte, lange bevor das Grundgesetz 1949 verbindlich wurde und habe, so meint auch *Ziemann*, die These eines Gesellschaftsschichten übergreifenden durchdringenden Revanchismus und eines in der Gesellschaft unwidersprochen Antisemitismus widerlegt.[212] Der Verband schuf im Rahmen der Möglichkeiten Sicherheit und Akzeptanz für Juden und schottete sich nicht von politischen Gegnern ab, sondern versuchte auch Vernunftrepublikaner für die Mitarbeit im Sinne der Republik zu gewinnen. Viele Mitglieder des Reichsbanners nahmen Konflikte und scharfe politische Auseinandersetzungen mit der eigenen Partei in Kauf, weil ihnen ein wichtiges Prinzip klar war, das auch die historische Erfahrung aus der politischen Kultur der Weimarer Republik prägt: Einigkeit und Solidarität unter Demokraten in der Auseinandersetzung mit dem politischen Extremismus. Dies ist ein zentrales geschichtspolitisches Erbe, das gerade in der heutigen Zeit große Aktualität besitzt.

Die Untersuchung des Reichsbanners bringt aber auch Widersprüchliches hervor. Das antimilitaristische Selbstbild, das man nach außen vertrat, steht der Pflege autoritär-militärischer

---

[211] *Elsbach*, Reichsbanner, S. 496.
[212] *Ziemann*, Zukunft, S. 68.

Umgangsformen sowie der militärischen Organisation und Ausbildung eigentlich entgegen.[213]

Der Verband näherte sich im Verlauf der Jahre in Ton und Gewaltbereitschaft seinen Gegnern an, was die Mitglieder aber nie an seinem defensiven Charakter zweifeln ließ. Der Verband war zu physischer Härte gegen SA und RFB entschlossen, ohne sich aber auch nur ansatzweise an jenen in puncto Radikalität und Demagogie zu orientieren.

Als Fazit bleibt festzuhalten, dass das historische Reichsbanner während einer Zeit der ausufernden Gewalt, der maßlosen inneren Zerrissenheit und einer im „Zeitalter der Extreme" befindlichen Nachkriegsgesellschaft der republikanische Anker und der sprichwörtliche Fels in der Brandung für die Wegbereiter einer pluralistischen Demokratie war. Viele Ideale und Ziele, die die Bundesrepublik nach 1949 verfolgte und auf ihrem langen Weg bis heute prägend verwirklicht hat, stieß die Weimarer Republik unter Schutz und Mitwirkung des Reichsbanners an. Die ideelle und politische Mitarbeit des Reichsbanners in der Weimarer Republik bereitete den Boden für eine republikanische politische Kultur, die sich letztlich jedoch weder von oben noch von unten etablieren ließ und gegenüber einer politischen Kultur destruktiver Spaltung mehr und mehr an Boden verlor. Dies lag jedoch in erster Linie nicht an den Republikanern, sondern an reaktionären Funktionären in Staat und Verwaltung, die die Republikaner ab 1930 aus der Exekutive verdrängten und sie 1933 zum Teil aus dem Land und ins Exil zwangen. Es besteht daher eine direkte Linie in der deutschen Demokratiegeschichte, die von Weimar und Magdeburg

---

[213] ebd., S. 70.

über Bonn nach Berlin weist. Wenn man von einem Platz Weimars in dieser Demokratiegeschichte spricht, dann tut man dies - nicht zuletzt mit Blick auf das Reichsbanner - in dem Wissen, dass die Weimarer Republik auch eine wehrhafte Demokratie war und sie das ideelle, verfassungsrechtliche Grundgerüst der Bundesrepublik gebildet hat. Sie steht mit ihren Leistungen während einer höchst schwierigen und unsicheren Zeit in der Tradition vieler europäischer Demokratieprozesse der Moderne. Rolle und Bedeutung des Reichsbanners dabei sind nicht gering zu schätzen.

7. Der Beitrag der Weimarer Republik für die deutsche Demokratiegeschichte am Beispiel des Reichsbanners

7.1 „Reichsbanner Schwarz-Rot-Gold - Bund aktiver Demokraten e.V.": Konzept und Selbstbild

Das historische Reichsbanner hat als Veteranenverband in der Weimarer Republik nachhaltig Spuren in den Köpfen der Zeitgenossen hinterlassen, die sich für ihn engagiert haben oder für dessen Ideale auch nach 1933 aber auch nach 1945 eingestanden sind. Dafür sprechen die frühen Versuche, den Verband in seiner ursprünglichen Organisationsform wiederzugründen. Unmittelbar nach Kriegsende 1945 scheiterte eine Neugründung an den Bestimmungen der Alliierten, die als Besatzungsmächte die Betätigung in politischen Vereinen mit betont militärischem Charakter nicht zuließen. Neue Anläufe folgten, wobei es erst im Juni 1968 in Frankfurt am Main zur Konstituierung des Bundesverbandes unter dem heutigen Namen *„Reichsbanner Schwarz-Rot-Gold - Bund aktiver Demokraten e.V."* kam. Bemerkenswert im Hinblick auf das institutionelle

Selbstverständnis ist aber, dass der Verband nicht das Jahr 1968, sondern 1953 als Ausgangspunkt des Zusammenschlusses versteht. Denn 1953 ist das Jahr, in dem eine erste formale Neugründung beschlossen wurde, ohne dass man die Möglichkeit wahrnehmen konnte und wollte, den Verband als Träger einer historisch-politischen Bildungsarbeit auszubauen. Über eine Plattform des gemeinsamen Erinnerns an das Erbe des Verbandes und seiner verstorbenen Kameraden und einer nach innen gerichteten Traditionspflege ging das Netzwerk ursprünglich nicht hinaus. Ein Grund war, wie im Kapitel zuvor erwähnt (6.2), dass dem Reichsbanner in Westdeutschland kaum öffentliche Beachtung geschenkt wurde. Heute ist er ein im Vereinsregister eingetragener und somit gemeinnütziger Verband, in dem sich sechshundert Demokratinnen und Demokraten jedweder Parteipräferenz zusammengefunden haben. Der Bundesverband gliedert sich in die fünf Landesverbände Berlin-Brandenburg, Hamburg, Hessen, Nordrhein-Westfalen und Sachsen. Dies entspricht interessanterweise weitestgehend dem geographischen Stärkeverhältnis des Verbandes in der Weimarer Republik. Auch das Vereinsmotto „*Einigkeit, Recht und Freiheit*" ist traditionsstiftend.

Es sind drei Bausteine, die dem *Gesamtkonzept* Struktur verleihen und gleichermaßen Auskunft über das *Selbstbild* des Reichsbanners geben. Zum einen sieht man sich als öffentlicher Träger *Politisch-historischer Bildungsarbeit*, die sich in der Ausrichtung von Seminaren und Workshops aber auch in der Konzeption und Organisation publikumswirksamer Ausstellungen niederschlägt. Besonderer Wert wird auf die Arbeit an und mit historischen Orten gelegt, so etwa am Bendlerblock und an Gedenkstätten für die Opfer des Nationalsozialismus, in denen der Holocaust dokumentiert und wissenschaftlich behandelt wird. Die historischen Erfahrungs- und Lernorte haben in der Regel ihren geographischen Schwerpunkt in der Berliner Umgebung, was sich aus der geschichtlichen Bedeutung Berlins ergibt. Es liegt aber auch daran, dass der Sitz des Verbandes, anders als von 1924 bis 1933, nicht in Magdeburg, sondern in Berlin ist.

Dabei sieht man sich als gesamtgesellschaftliche Interessensgemeinschaft, die einen überparteilich-demokratischen Bildungsanspruch pflegt und die gemäß ihrer Verbandstradition bewusst politisch, jedoch keineswegs parteipolitisch, auftritt. Daraus ergibt sich als zweiter Baustein das Ziel, *Politische Arbeit* und *Meinungsbildung* zu fördern und den eigenen Einfluss im Sinne der Ideale des historischen und des heutigen Bundesverbandes geltend zu machen: Das Bewusstsein des Einzelnen dafür, dass ein jeder Bürger bzw. jede Bürgerin über staatsbürgerliche Rechte und Pflichten verfügt und diese zur Stärkung der Demokratie einsetzt. Im Vordergrund steht ferner, zur Stärkung eines Demokratiebewusstseins beizutragen, durch das, wie *Andreas Rödder* betont, die vor 1933 verkannte Notwendigkeit der Meinungsbildung, des Meinungspluralismus und der individuellen Mitbestimmung in den Köpfen der Bürgerinnen und Bürger verankert wird.[214] Dies kann nur durch Aktivierung und Befähigung junger Menschen erreicht werden, sich gesellschaftlich zu beteiligen.

Zum dritten fühlt sich der Verband der *Demokratischen Traditionspflege* verpflichtet, eine Aufgabe, die ihm aufgrund der eigenen Geschichte wie selbstverständlich zufällt. Einen Beitrag

---

[214] **Rödder, Andreas**: Weimar und die deutsche Verfassung. Eine Zeitreise durch die Geschichte, in: Weimar und die deutsche Verfassung. Geschichte und Aktualität von 1919, Stuttgart 1999, S. 16 f.

zu leisten, dass die Farben Schwarz, Rot und Gold, die für historische Errungenschaften wie Demokratie, Grundrechte, individuelle Freiheit und Rechtstaatlichkeit stehen, in der Gesellschaft weiterhin positiv besetzt sind, anstatt von populistisch-nationalistischen Akteuren vereinnahmt zu werden, ist ein Kernanliegen des heutigen Verbandes. Eng damit verbunden ist das Bemühen, die Erinnerung an die Revolution von 1848 zu einem sichtbaren Teil bundesdeutscher Erinnerungskultur werden zu lassen. Dabei ist man sich darüber einig, dem gesellschaftlich weit verbreiteten einseitigen Verständnis, dass die Grundprinzipien der demokratisch-freiheitlichen Ordnung alleine auf das Grundgesetz zurückgingen, durch eine effiziente geschichtsbasierte Bildungsarbeit entgegenzuwirken. Man ist entschlossen, für die Ereignisse des Jahres 1848, die in der kollektiven Erinnerung zu verblassen drohen, ein tieferes nachhaltiges Bewusstsein zu schaffen. Die Mitgliedschaft in der Arbeitsgemeinschaft „*Orte der Demokratiegeschichte*", die 2017 durch die Kulturstaatsministerin geschaffen wurde, hilft dabei und hat zur Folge, dass man in einem größeren Netzwerk politisch-historischer Bildungsarbeit agiert. Dabei ist das Leben in totalitären Systemen und der individuelle Umgang mit Repression und Zwang ein wichtiger Bestandteil dieser Bildungsarbeit. Seine Berücksichtigung im Bereich der Traditionspflege wird immer dann besonders deutlich, wenn es um die Erinnerung an oppositionelle Gruppen während der Zeit des Nationalsozialismus und in der DDR geht. Die Jahrestage des 20. Juli 1944 und des 17. Juni 1953 werden jedes Jahr feierlich begangen und mit einem akademischen Programmpunkt abgerundet. In diesem Zusammenhang ist es ein besonderes nachvollziehbares Anliegen des heutigen Reichsbanners bei der breitgefächerten, fortschreitenden Aufarbeitung des Widerstands gegen die NS-Diktatur Handeln und Verantwortung der eigenen Mitglieder, die sich gegen den Nationalsozialismus auflehnten, erfahrbar zu machen.

Zentrale Prinzipien des Verbandes, an denen sich sein Selbstverständnis ablesen lässt, sind die unveräußerlichen in der Verfassung niedergelegten Grundrechte und damit verbunden die Toleranz gegenüber Mitmenschen ungeachtet ihrer Herkunft. Daraus leitet das Reichsbanner seinen Verfassungspatriotismus ab, ebenso wie auch das Prinzip der wehrhaften Demokratie und der Rechtstaatlichkeit. Diese Prinzipien prägen das Bewusstsein und den öffentlichen Auftritt des Bundesverbandes, zu beobachten auf der Homepage des Reichsbanners, in den Bildungsangeboten und in den sozialen Medien.

7.2 Formate und Kooperationen in der politisch-historischen Bildungsarbeit

Durch seine Unterstützung der Dissertation *Elsbachs* und seine Kooperation mit der Gedenkstätte Deutscher Widerstand (GDW), in deren Räumlichkeiten die Dauerausstellung über das historische Reichsbanner zu besichtigen ist, reiht sich der heutige Reichsbannerverband als Träger politisch-historischer Bildung in die zivilkulturelle Tradition des Vorgängerverbandes ein. Nachdem im vorangegangenen Unterkapitel das Grundkonzept und die drei Bausteine der Bildungsarbeit des Reichsbanners vorgestellt wurden, richtet sich der Fokus nun konkret auf die Bildungsformate. Sie bewegen sich schwerpunktmäßig im Kontext des Verbandes zur Weimarer Republik und werden mit Angeboten, welche über den historischen Reichsbannerverband im engeren Sinne hinausgehen, kombiniert. Um den systematischen Überblick zu erleichtern, werden im Folgenden die einzelnen Formate verschiedenen methodischen Ebenen der Bildungsarbeit zugeordnet. Die erste Ebene besteht aus der *musealen Ausstellungspraxis* im Rahmen der auf die Geschichte des Reichsbanners konzentrierten Gedenk- und Erinnerungskultur. Die zweite beinhaltet das Angebot für Formate der *aufsuchenden politischen Bildung*, gestaltet in Form thematisch vorbereiteter Seminare, die zu selbstkonzipierten Modultypen gehören. Der dritte methodische Ansatz besteht in der *Öffentlichkeitsarbeit* verbunden mit der Funktion, eine angemessene Außenwirkung des Verbandes herzustellen. Im Folgenden werden die drei Formatebenen vorgestellt und einer ausführlicheren Prüfung unterzogen.

Kernstück der ersten Ebene ist der Aufenthalt vor Ort im Bendlerblock. Ein Besuch der Gedenkstätte Deutscher Widerstand bietet die Gelegenheit, das materiell gut ausgestattete Schaudepot und die Wanderausstellung über die Verbandsgeschichte, die 2019 infolge der vertraglichen Kooperation mit der GDW entstand, zu besichtigen. Die Zusammenarbeit der GDW mit dem Reichsbanner trägt damit auch seiner historisch-wissenschaftlichen Aufarbeitung Rechnung: Es werden einige Reichsbannermitglieder vorgestellt, die sich an Widerstandshandlungen gegen das NS-Regime beteiligt und in entsprechenden Netzwerken und Gruppierungen mitgearbeitet haben. Diese Personen erhalten so einen festen Platz in der Ausstellung und stehen repräsentativ für diejenigen Mitglieder des historischen Verbandes, die weniger bekannt sind und dort nicht erwähnt werden.[215] Die Objekte, auf die man im Schau-

---

[215] *Gedenkstätte Deutscher Widerstand* (Hrsg.): Für Freiheit und Republik! Das Reichsbanner Schwarz-Rot-Gold 1924 bis

depot trifft und die in den Räumen der GDW ausgestellt werden, stammen aus der Sammlung des Landesverbandes des Reichsbanners Hamburg. Die *„große Auswahl an Sachzeugnissen aus der Organisationsgeschichte"*[216], so führt Mitarbeiter *Stefan Heinz* im Rahmen eines digital aufbereiteten Rundgangs ein, enthält alltägliche und politische Gegenstände, aber auch Dokumente aus verbandseigenem und aus privatem Besitz. Dieser digitale Rundgang ist auf der Homepage des Verbandes unter dem Reiter *„Ausstellungen"* abspielbar. Die Medienstation des Schaudepots stellt die Verbandsgeschichte und Mitglieder der ersten Reihe vor. Themen wie staatspolitische Bildung im Verband, Rolle und Bedeutung der Nationalfarben wie auch die breite gesellschaftliche Verankerung des Verbandes als Voraussetzung für das vielbeschworene nationalrepublikanische Selbstverständnis bilden einen zentralen Teil des Rundgangs. In der Wanderausstellung nimmt die Repräsentation der Frauen, die im Republikanischen Reichsbund aktiv sein konnten und im Unterstützerkreis des Reichsbanners vertreten waren, durch Biographien bedeutender weiblicher Republikanerinnen wie Christine Teusch, Marie Juchacz und Marie Elisabeth Lüders besonderen Raum ein. Die Gründung der Eisernen Front und ihre symbolische Rolle als antifaschistisches Bündnis des republiktreuen Teils der Arbeiterschaft folgt im Ablauf der Dokumentation politisch motivierter Gewalt gegen das Reichsbanner. Der Verband hatte bis 1933 fünfzig Todesopfer zu beklagen, von denen dreißig in den letzten drei

---

1933, Begleitband zur Ausstellung der Gedenkstätte Deutscher Widerstand, Berlin 2018, S. 138 f.

[216] Vgl. **Reichsbanner Schwarz-Rot-Gold – Bund aktiver Demokraten e.V.**, https://www.reichsbanner.de/reichsbanner-heute/ausstellungen/schaudepot-berlin/, abgerufen am 10.02.22.

Jahren vor der Machtergreifung Hitlers starben. Es wird implizit auf Erich Schulz, 1926 das erste Todesopfer, und auf Rudolf Marek, mit sechzehn Jahren das jüngste Todesopfer eingegangen. In diesem Zusammenhang wird nicht unterschlagen, dass auch von Reichsbannermännern infolge von Zusammenstößen mit gegnerischen, meistens völkischen bzw. nationalsozialistischen Gruppen Gewalt ausging. Der dokumentarischen Darstellung, dass man 1932 eine bewaffnete Gegenwehr erwog, folgen Informationen zu Verabredungen republikanischer Oppositionsgruppen, zu denen sich Verbandsmitglieder ab März 1933 zusammenschlossen. Die riskanten Umstände der Illegalität, so formuliert es *Marion Groers* während des digitalen Rundgangs, führte die Mitglieder dazu, den „*Zusammenhalt in kleinen Zirkeln*"[217] aufrecht zu erhalten und dort die Koordination abgestimmter Aktionen vorzunehmen. Die Treffen hätten demzufolge an „*unverfänglichen Orten*"[218], beispielsweise in Gaststätten im Umland, wie im Forsthaus „*Im Finkenkrug*" stattgefunden. Nicht nur wird das erinnerungskulturelle Erbe des Reichsbanners, das als Sammlungsbecken republikanisch eingestellter Widerstandskreise *ab 1933* bezeichnet werden kann, betont. Auch die außerhalb des Verbandes wenig beachteten Warnungen vor den Gefahren des Nationalsozialismus *vor* 1933 werden an zahlreichen Stellen herausgearbeitet. Dies veranschaulicht sehr eindrücklich, wie das Reichsbanner bereits seit seiner Gründung in Bild und Schrift Aufklärung über Agitation, Ziele und Ideologie der Nationalsozialisten betrieb. Bekanntheit erlangte die Broschüre „*Das wahre Gesicht des*

---

[217] https://www.reichsbanner.de/reichsbanner-heute/ausstellungen/wanderausstellung-fuer-freiheit-und-republik/, abgerufen am 10.02.22.
[218] ebd.

Nationalsozialismus"[219], die im Schaudepot ausgelegt ist. Die Broschüre zählte siebenundfünfzig Seiten und enthielt eine umfassende Abhandlung über die Genese, die Organisation und das Programm der NSDAP. Mitgliedern sollte dies dazu dienen, die Grundpfeiler der nationalsozialistischen Ideologie, ihre Ziele und das totalitäre Staatsverständnis der Partei zu erfassen. Sie hatte auch den Zweck, dass Republikaner sie zur Aufklärung auf der Straße nutzten, um zu verdeutlichen, dass die NSDAP keine nationalen Interessen vertrat, sondern sie untergrub und eine gesellschaftliche Gefährdung darstellte. Die Wanderausstellung, die trotz der zahlreichen thematischen Schwerpunkte nicht zu überladen aufgebaut ist, vermittelt in breit angelegter Form die wichtigsten historischen Zusammenhänge, kommt ohne längere und kompliziertere Diskurse aus und bringt den Besuchenden die Themen in einer didaktisch sinnvollen Abfolge nahe. Die Ausstellung ist für Lehrkräfte und Bildungsträger ausleihbar und fand ihre Fortsetzung in einer zweiten Wanderausstellung, die die Geschichte des Gauverbandes Pommern dokumentiert.

Die zweite Ebene besteht in der Konzeption und Ausrichtung eigener Seminare, die im Rahmen verschiedener Schwerpunktmodule durchführbar sind und sich an Schulen und Lehrkräfte richtet. Hier geht es darum, den Rezipienten anhand der Arbeit des Reichsbanners, seines Selbstverständnisses und der Umstände seines Scheiterns zentrale Prinzipien, die das Wesen ei-

---

[219] *Archiv der sozialen Demokratie (FES)*: 4/RSRG, Exponate 1-36, hier: *„Das wahre Gesicht des Nationalsozialismus. Theorie und Praxis der NSDAP"*, hrsg. vom Bundesvorstand des Reichsbanners Schwarz-Rot-Gold, Bund Deutscher Kriegsteilnehmer und Republikaner in Magdeburg.

ner wehrhaften Demokratie ausmachen, zu vermitteln. Das Seminarangebot ist interdisziplinär gestaltet und besteht aus eigens durch den Bundesverband festgelegten Schwerpunkten. Der Bundesverband bewegt sich mit der Konzeption der Module zwischen den o. a. Bausteinen der *Politisch-historischen Bildungsarbeit* und der *Politischen Arbeit und Meinungsbildung*. Unter den fünf beispielhaft ausgewählten Themenfeldern hat das Reichsbanner einen prominenten Platz. Ziele, Ideale und Wertvorstellungen, Arbeit, Geschichte und Scheitern bilden den Schwerpunkt. Im folgenden Themenfeld liegt der Fokus stärker darauf, wie bedroht *demokratische Werte und Prinzipien* gegenwärtig sind und welche Gegenstrategien man diesen Entwicklungen auf Basis der Vermittlungsarbeit entgegensetzen kann. Der Bundesverband hat die Möglichkeit durch sein Mehr an Authentizität, das auf das historische Erbe des Weimarer Reichsbanners zurückgeht, einen gewissen Voreiterstatus in der Vermittlung der Voraussetzungen für eine gefestigte und wehrhafte Demokratie einzunehmen. Für die Herausbildung eines staatsbürgerlichen Demokratiebewusstseins werden Erfahrungswerte des Lehr- und Forschungsprozesses vergangener Jahrzehnte reflektiert, um Erfolgsfaktoren, Gefährdungslagen und Szenarien des Scheiterns für Demokratien zu erörtern. Die durch Mitglieder lebendig gehaltene Erinnerung an das Verbandsverbot und an die Verfolgung und Ermordung ehemaliger Mitglieder wird - im Spannungsverhältnis mit der kollektiven gesamtgesellschaftlichen Erinnerungstradition – durch die Vermittlung der Prinzipien einer wehrhaften Demokratie thematisiert. Das in der Bildungsarbeit wiederkehrende Motiv der wehrhaften Demokratie ist daher eines der zentralen Prinzipien des heutigen Reichsbanners. Eine tiefere Auseinandersetzung mit den durch die Verfassung gegebenen

Rechten und Pflichten zu ermöglichen und dadurch die Entwicklung eines Verfassungsbewusstseins in der Gesellschaft zu fördern, die das Demokratieverständnis in den Köpfen der Bürgerinnen und Bürger festigt, ist ein weiteres wichtiges Ziel dieses Angebots. Daraus erklärt sich, warum die Themenfelder „Extremismus", „Nationalsozialismus" und „Widerstand" als weitere Seminartypen vorgestellt und angeboten werden. Einer Debatte breiten Raum zu geben über Faktoren, die totalitäre Systeme begünstigen oder im Zusammenwirken mit anderen Umständen möglich machen und dadurch die individuelle Sensibilisierung für gesellschaftliche Fehlentwicklungen zu fördern, rundet das didaktische Angebot ab. Inwieweit die Themenfelder festgeschrieben sind oder ob sie im Einzelfall „individuell abwandel- und kombinierbar"[220] sind, muss mangels Erfahrungswerten offen bleiben. Eine Antwort darauf wäre wichtig für die Beurteilung, ob die Planung und Durchführung des Seminarangebots vielseitig und flexibel ist.

Die dritte Formatebene bildet die Öffentlichkeitsarbeit des Bundesvorstands und dessen Auftritt in den sozialen Medien Facebook/Meta, Instagram und YouTube. Auf Facebook und Instagram laufen die Aktivitäten von Landesverbänden und Ortsgruppen kanalisiert zusammen, wodurch ein geographisch nicht weit verzweigter Verband wie das Reichsbanner praktischerweise jederzeit über die Aktivitäten der unteren Organisationsebenen informiert bleibt. Außerdem werden die Mitglieder über Workshops und Projekte informiert, die durch den Bundesverband oder die Landesverbände ausgerichtet werden. Der bereits oben erwähnte dritte Baustein des Gesamtkonzepts des heutigen Verbandes, die *demokratische Traditionspflege,*

---

[220] https://www.reichsbanner.de/reichsbanner-heute/bildungsarbeit/seminar-angebote/, abgerufen am 13.02.2022.

zeigt sich in der republikanischen Gedenk- und Erinnerungskultur und spielt im Social-Media-Auftritt eine übergeordnete
Rolle. Dies schlägt sich einerseits in öffentlichen und staatlichen und manchmal in verbandsinternen Gedenkritualen an
Jahrestagen und zu Ehren Verstorbener und in feierlichen Ge-
denkstunden im Bendlerblock nieder. Zum anderen nehmen
fachliche Vorträge mit Bezug zum historischen Reichsbanner
und zu verwandten Themen, gehalten durch Mitglieder oder
Gäste von außerhalb großen Raum ein. Für die Verfügbarma-
chung von Liedgut, historischen Film- und Tonaufnahmen sowie für den öffentlichen Zugriff interessierter Nutzerinnen und
Nutzer auf die wissenschaftliche Vortragsreihe wird in erster
Linie die Plattform YouTube genutzt. Am 24. September 2020
wurde per Livestream der Vortrag des wissenschaftlichen Mit-
arbeiters *Dr. Stefan Heinz* übertragen. Er referierte zu der Lage
und den Handlungsalternativen des Reichsbanners in der Phase
von 1932 bis 1933. Der Vortrag ist unter dem Titel „*Für die
Freiheit! Gegen den Faschismus! Das Reichsbanner Schwarz-
Rot-Gold in der Übergangsphase zur nationalsozialistischen
Diktatur 1932/33*" erschienen und frei abrufbar. Am 12. Mai
2021 hielt zudem *Jens-Christian Wagner* einen Vortrag zum
Thema „*Alles Geschichte? Zur Zukunft der Gedenkstättenarbeit in Deutschland.*" Der Leiter der GDW, *Johannes Tuchel*,
trug eine Woche zuvor zu der Problematik der erschwerten
Konzeption historisch-politischer Bildungsarbeit ohne die
Hilfe von Zeitzeugen, die bald nicht mehr zu Verfügung stehen, vor. Die drei Beispiele zeigen, wie ausgewogen die Vortragsreihe gestaltet ist. Sie lassen eindeutig die didaktische
Schwerpunktsetzung erkennen. Dabei tritt die geschichtswis-
senschaftliche zugunsten der geschichtsdidaktischen Behandlung in den Hintergrund, was allerdings dem gesellschaftlichen
Auftrag vollumfänglich gerecht wird. Die Bildungsformate

spiegeln damit die gesamte Breite des didaktischen Anspruchs des Verbandes wieder. Der Frage, wie das Reichsbanner heutzutage vernetzt ist, könnte mit einem Verweis auf die Kooperationspartner begegnet werden. Doch eine Aufzählung derselben sagt wenig darüber aus, wie stark diese sich einbringen und inwieweit diese zur Optimierung der Bildungsarbeit und der Geschichts- und Erinnerungskultur beitragen. Seit längerem gibt es einen Schulterschluss des Reichsbanners mit dem Volksbund Dt. Kriegsgräberfürsorge e.V. Sein Präsident Wolfgang Schneiderhan, der als General a.D. die Vernetzung des Reichsbanners mit Wehrdienstleistenden gleichsam in seiner Peron verkörpert, repräsentiert dadurch das heute besonders notwendige Bewusstsein, sich in der Tradition derjenigen zu sehen, die das Prinzip der wehrhaften Demokratie bis 1933 vorlebten. Ein überaus wichtiges Medium für die Öffentlichkeitsarbeit ist auch die Verbandszeitschrift „*Das Reichsbanner*", die namentlich der historischen Mitgliederzeitung nachempfunden ist. Dort erscheinen tagesaktuelle Artikel über die Verbandsarbeit, über geschichtskulturelle und geschichtspolitische Fragen, über einschlägige Debatten, über die Stärkung des Rechtsstaats, den gesellschaftlichen Kampf gegen Extremismen, über Formen der Identifikation mit den Nationalfarben und über die stärkere öffentliche Betonung des Verfassungspatriotismus. Auch wird bisher kaum sichtbaren Facetten der Erinnerungs- und Gedenkkultur angemessener Raum gegeben. Das Reichsbanner rückt damit im Rahmen seiner Reichweite eigene, über die Weimarer Zeit hinweg tradierte republikanische Identifikationsmotive, die aufgrund von Diktatur, Nationalismus und Totalitarismus außerhalb des Verbandes stark in den Hintergrund geraten sind, sprichwörtlich ins Schaufenster der Geschichtskultur.

7.3 Faktor Reichsbanner: Die Nischenfunktion des heutigen Vereins für die politische Bildung

„Deutschland wird demokratisch sein – oder es wird nicht sein!"[221] Jene Äußerung geht auf den langjährigen Vorsitzenden des Reichsbanners, Otto Hörsing, zurück. Die historische Chance auf demokratischen Fortschritt durch die Weimarer Verfassung erkannt zu haben und auch unter Einsatz des eigenen Lebens für sie einzustehen, ergriff das Reichsbanner in einer Zeit als diese Haltung aufgrund der gesellschaftlichen Zerrissenheit nicht selbstverständlich war. Persönliche und gemeinschaftliche Konsequenzen seines Einsatzes, Bedrohungen, Diffamierungen und Gewalt gegen sich nahm es in der Zeit vor und auch nach der Machtübertragung an Hitler in Kauf. Im Reichsbanner engagierten sich Mitglieder, die nicht nur zur relativen Stabilisierung und zur Wehrhaftigkeit der Demokratie beitrugen, sie politisch prägten und schützten, sondern sie formierten sich auch im Widerstand nachdem ihre Gegner die Republik abgeschafft hatten. Die republikanischen Ideale, das Wirken, die Größe und der Einfluss des Republikschutzverbandes widerlegen das vielzitierte Fehlurteil einer Republik ohne Republikaner, das lange dem gesellschaftlichen Konsens entsprach und gegen welches der Nachfolgeverband mit beherztem Einsatz auch heute noch ankämpft. Vor Jahren würdigten Angela Merkel und Joachim Gauck die bedingungslose Bereitschaft der im Reichsbanner vereinigten Republikaner für die Demokratie einzustehen und mit Hingabe und Entschlossenheit die junge, belagerte Weimarer Republik geistig

---

[221] ***Archiv der sozialen Demokratie (FES)***: 4/RSRG, Sign. 49, Wegweiser 1929: Otto Hörsing, Ein Jahr Reichsbanner, Festschrift zur Bannerenthüllung der Ortsgruppe Rothenburg ob der Tauber am 4. und 5. Juli 1925).

und physisch zu verteidigen.[222] Gauck fand 2014 aber auch ernüchternde Worte zur Rolle des Nachfolgeverbandes im erinnerungskulturellen und historischen Gedächtnis der deutschen Gesellschaft:

> *„Leider verblassen vieler solcher Details (aus der Geschichte des Reichsbanners) in der kollektiven Erinnerung. Was in den Geschichtsbüchern der Schulen keinen Platz findet, durch Straßenschilder oder Gedenktafeln nicht präsent bleibt, das kommt kaum noch vor in den Gedanken und Gefühlen, die sich heute mit den Farben Schwarz, Rot und Gold verbinden. Bei den einen wecken sie die Hoffnung auf ein neues Sommermärchen, bei den anderen rufen sie die Erinnerung wach an die glücklichen Bilder von 1989, aber bei vergleichsweise wenigen sind sie Bestandteil eines historischen Bewusstseins um unsere nationale Freiheitstradition."*[223]

Es ist nun an dem heutigen Reichsbannerverband, diese geschichts- und erinnerungskulturelle Lücke als Bildungsinstitution zu schließen. Bisher werden der oben beschriebene Einsatz und die Verdienste des Reichsbanners zu wenig gewürdigt; dies auch deshalb, weil der Verband, gemessen an seiner historischen Rolle in der Weimarer Republik, nach wie vor erstaunlich unbekannt ist. In geschichtspolitischen Debatten der jungen Bundesrepublik kam das Reichsbanner - die Hintergründe wurden eingehend beschrieben - kaum vor. Eine geschichtskulturelle Tradition, wie sie andere historische Orte,

---

[222] vgl. **Elsbach**, Reichsbanner, S. 576.
[223] https://reichsbanner.de/reichsbanner-heute/verein/vorstand/gauck/, abgerufen am 15.02.2022.

Gruppen oder Institutionen in der deutschen Gedenk- und Erinnerungskultur mittlerweile vorweisen können, man denke an Widerstandsgruppen gegen den NS oder an KZ-Gedenkstätten, ist dem Reichsbanner trotz seines langen Bestehens bisher nicht vergönnt. Dabei ist das Potenzial des Reichsbanners, mehr junge Menschen zu erreichen, durchaus vorhanden. Das Forschungsthema Weimarer Republik hat in den letzten zwanzig Jahren einen Aufschwung erfahren und sie gilt nicht nur aus der Perspektive des Historikers heute mehr denn je als eine reizvolle Phase deutscher Geschichte. *Stephan Zänker* leitet seinen Beitrag mit den Worten ein: *„Vielmehr muss es darum gehen, die Menschen dort abzuholen, wo sie sind – in der aktuellen Problemlage unserer heutigen Demokratie.“*[224] Das neugegründete Reichsbanner setzt genau an diesem Punkt an und bietet insbesondere für junge Menschen durch eine tiefergehende, intensivere Auseinandersetzung mit der Geschichte und den gesellschaftlich-politischen Zusammenhängen jener Zeit ein großes Bildungs- und Weiterbildungspotenzial. Das Reichsbanner hat in didaktischer Hinsicht den großen Vorteil, dass es in der Lage ist, Grundlagen der Demokratiegeschichte *authentisch* zu vermitteln aber auch Faktoren und Bedingungen aufzuzeigen, durch die Demokratien sich etablieren oder gefährdet sind. Das liegt zum einen an dem historischen Erbe des Verbandes aber auch daran, dass er, entsprechend seines Vermittlungsinhalts, nicht monothematisch eingehegt ist. Das

---

[224] *Zänker*, *Stephan*: Die Weimarer Republik: Deutschlands erste Demokratie - Eine multimediale Wanderausstellung, in: *Braune*, *Andreas*/*Dreyer*, *Michael*: Weimar als Herausforderung. Die Weimarer Republik und die Demokratie im 21. Jahrhundert, in: Weimarer Schriften zur Republik, Stuttgart 2016, S. 260.

bedeutet, dass er sich nicht auf einen thematischen Schwerpunkt konzentrieren muss, sondern seine inhaltliche Gewichtung bei der Gestaltung seiner Bildungsarbeit ausgeglichener gestalten kann, als es etwa bei Bildungsinhalten anderer Institutionen möglich ist. Dies ergibt sich vor allem aus der Vielfalt der Aufgabenbereiche des alten Weimarer Republikschutzverbandes. Dieser wirkte in der staatspolitischen Bildung an der Verbreitung demokratischen Gedankenguts mit und stand für Werte, die in der Bundesrepublik neu erstritten und in der Folge gesellschaftlicher Konsens wurden. Das Plus an thematischer Authentizität geht noch weiter. Es betrifft auch die Vermittlung grundlegender staatsbürgerlicher Rechte und Pflichten, die in einer Gesellschaft, die über eine solch lange Freiheitstradition verfügt, durchaus phasenweise bedroht sein kann. Hier sind die Erkenntnisse hinsichtlich des historischen Reichsbanners von großem Nutzen. Vermittlungsfelder, in die das Reichsbanner mehr einbezogen werden muss, sind Grundrechte, die Aussöhnung mit den Nachbarn, die Solidarität mit und der Schutz von Minderheiten, der Kampf gegen Antisemitismus und Rassismus sowie gegen jegliche Form der Ausgrenzung, der Widerstand gegen Totalitarismus und Diktatur. Aber auch die Sensibilisierung für die Relevanz der Verankerung einer ausgeprägten pluralistischen politischen Kultur, sowie für eine Debattenkultur sind Themen, zu denen das Reichsbanner als Bildungsinstitution einen wertvollen Beitrag leisten kann, um einer Spaltung der Gesellschaft entgegenzuwirken.

Die Vernetzung des Reichsbanners mit anderen Bildungsinstitutionen und wissenschaftlichen Trägern aus der Forschung steckt nicht mehr in den Kinderschuhen. Positiv ist die Kooperation mit der GDW zu sehen. Sie liegt aufgrund inhaltlich-wissenschaftlicher Überschneidungen, die die Reichsbanner-

und Widerstandsforschung aufweisen, nahe und ist aus didaktischer Perspektive verständlich und sinnvoll. Diejenigen Besucherinnen und Besucher, die sich über den Widerstandskreis um Claus Schenk von Stauffenberg informieren, haben keinen Mehraufwand, sich die Ausstellung des Reichsbanners anzusehen. Es werden personelle Verbindungen des Reichsbanners zum Widerstandskreis und Kontinuitäten aus den 1920er Jahren bis zu den Verschwörern des 20.Juli 1944 aufgezeigt und nachvollzogen. Zu dem Partnerkreis mit anderen Bildungsinstitutionen zählen darüber hinaus die Friedrich-Ebert-Stiftung (FES), die Bundeszentrale für politische Bildung (BpB), die Kurt-Schumacher-Gesellschaft, die Arbeitsgemeinschaft „Orte der Demokratiegeschichte" und das deutsche Jugendherbergswerk. Dabei ist besonders die Zusammenarbeit mit der FES und der BpB hervorzuheben, denn beide bilden, so ist die Erfahrung des Reichsbanners mit der Kooperation, die wissenschaftliche und didaktische Grundlage der Vermittlungsarbeit. Das „Bündnis für Demokratie und Toleranz"[225] und die oben angeführte Arbeitsgemeinschaft „Orte der Demokratiegeschichte"[226] stellen zudem auf ihren digitalen Plattformen die Geschichte des historischen Reichsbanners und die Schwerpunkte gegenwärtiger Bildungsarbeit vor.

Es gibt jedoch auch Anlass für Kritik: Gegenwärtig beschränkt sich die Kooperation in der Vermittlungsarbeit besonders auf

---

[225] https://www.buendnis-toleranz.de/archiv/themen/demokratie/167353/reichsbanner-schwarz-rot-gold-bund-aktiver-demokraten-e-v, abgerufen am 18.02.2022.
[226] https://www.demokratie-geschichte.de/index.php/1572/reichsbanner-schwarz-rot-gold-bund-aktiver-demokraten-e-v-berlin/, abgerufen am 19.02.2022.

Institutionen, die der Sozialdemokratie nahestehen. Eine Ursache ist sicherlich, dass das historische Reichsbanner zum größten Teil aus Mitgliedern, die dem sozialdemokratie- und arbeiternahen Milieu entstammten, bestand. Wie die vorliegende Arbeit zeigt, haben jedoch neben Sozialdemokraten auch Linksliberale und Christdemokraten des Sozialflügels den Veteranenverband bis zum Schluss getragen. Eine Zusammenarbeit mit dem Archiv des Liberalismus in Gummersbach, der Friedrich-Naumann-Stiftung oder christdemokratischen Bildungseinrichtungen, sollte für das Reichsbanner zumindest eine ernsthafte Überlegung wert sein. Die Beantwortung der Frage, welche Stellung der Verband im Kreis historisch-politischer Bildungsinstitutionen einnimmt, hängt nicht zuletzt davon ab, ob er sein Potenzial angesichts seines didaktischen Alleinstellungsmerkmals voll ausschöpft, um eine öffentliche Aufwertung seiner Bildungsarbeit zu erzielen. Der Verband sollte sich dafür in der Gesamtheit seiner Partner breiter aufstellen. Sollte er imstande sein, die Zusammenarbeit mit Bildungsinstitutionen auszuweiten, die einen ebenso engen Bezug zur Weimarer Republik aufweisen, so ergäben sich weitere Möglichkeiten eines wissenschaftlichen Austauschs mit gemeinsamen Projekten. Auf diesem Weg würde eine Verstetigung und Vertiefung der Vermittlung Weimars als facettenreicher Beginn deutscher Demokratiegeschichte eintreten.

Denn den historischen Bezug zur Weimarer Republik weist unter den bisherigen Partnern nur die FES, den historischen Bezug zum Reichsbanner weist nur die Kurt-Schumacher-Gesellschaft auf. Daraus folgt, dass das heutige Reichsbanner die Rolle einer interdisziplinären Bildungsinstitution einnimmt, die als eine der wenigen den Schwerpunkt in der ideenpolitischen Vermittlungsarbeit und in der Verankerung demokratiegeschichtlicher und -theoretischer Bildung sieht. Diesem

Schwerpunkt wird über die museale Aufarbeitung der eigenen Verbandsgeschichte der didaktische Einstieg bereitet. Neben der nach innen und außen gerichteten Traditionspflege sollte sich daher der gegenwärtige *Gesellschaftsauftrag* des Reichsbanners durch drei wesentliche Punkte definieren: Im Vordergrund stehen müsste eine stärkere Förderung und Ausbildung von Multiplikatoren, die sich nicht nur mit Schulen, sondern auch mit Berufsschulen und Universitäten enger abstimmen und so das Reichsbanner als Bildungsverband für Kooperationen, etwa mit der Europäischen Jugend- und Begegnungsstätte Weimar (EJBW), interessanter machen.[227] Zum zweiten muss die Geschichte der Republikschutzorganisation mehr Platz in schulischen Lehrplänen finden. Die Steigerung des Interesses junger Menschen an demokratischer Teilhabe lässt sich an der erhöhten Wahlbeteiligung und einem größeren Nachwuchs, den die Parteien im neu konstituierten Bundestag aufweisen, ablesen. Zum dritten muss – wie oben erwähnt - das Reichsbanner als früherer Republikschutzverband den Anspruch haben, in der Entwicklung didaktischer Kooperations- und Vermittlungskonzepte eine Voreiterrolle zu übernehmen. Aus diesen Ansprüchen, den gesellschafts- und bildungspolitischen Zielsetzungen und aus der Bildungsarbeit erwachsen *Erwartungen* an den Verband, besonders in Zeiten bröckelnder demokratischer Mehrheiten, ansteigender politischer Gewalt, verrohter Sprache und angesichts einer teils vergifteten Debat-

---

[227] **Kilger, Moritz**: Weimar und die Demokratie für junge Bürger, in: **Braune**, *Andreas*/**Dreyer**, *Michael*: Weimar als Herausforderung. Die Weimarer Republik und die Demokratie im 21. Jahrhundert, in: Weimarer Schriften zur Republik, Stuttgart 2016, S. 280 f.

tenkultur, aus politisierten Staatsbürgern überzeugte Demokraten zu machen. Das Erbe republikanischer Veteranen und Republikschützer kann dazu genutzt werden, um mehr als die bisherigen Kompetenzbereiche abzudecken. Die Forschungsfelder über den Widerstand gegen den NS und die Demokratieforschung, etwa im Sinne einer tieferen Auseinandersetzung mit der Frage einer demokratiegeschichtlichen Kontinuität von 1848 über 1919 bis 1949, wäre eine sinnvolle Erweiterung des politisch-historischen Bildungsangebots. Auch eine Zusammenarbeit mit Bildungsinstitutionen, die Antisemitismus in Deutschland historisch erforschen oder sich gegen die Gefährdung durch selbigen engagieren, wäre wertvoll. Um diesem Ziel näher zu kommen, muss das Reichsbanner als Bildungsinstitution mit der bereits vielbetonten historischen Vergangenheit aus seinem *Nischendasein* heraustreten und öffentlichkeitswirksamer agieren.

Die Kontakte in die Politik sind eng und die Wege kurz. Der neu gewählte Vorsitzende Fritz Felgentreu errang für die SPD zweimal infolge ein Bundestagsmandat und gehörte in den beiden letzten Legislaturperioden dem Verteidigungsausschuss an. Er war stellvertretender Sprecher der Arbeitsgruppe Sicherheits- und Verteidigungspolitik und setzte sich für eine steigende Attraktivität der Bundeswehr als Arbeitgeber ein. Weiterhin trug er als Obmann im Untersuchungsausschuss zum Terroranschlag auf dem Breitscheidplatz Verantwortung für Deutschland und war von Anfang 2018 bis Ende 2020 verteidigungspolitischer Sprecher seiner Partei. Auch sein langjähriger Vorgänger im Amt des Reichsbannervorsitzenden, Johannes Kahrs, verfügt über zahlreiche politische Kontakte, die er in seiner Funktion als Ehrenvorsitzender des Verbandes für eine größere Außenwirkung nutzen könnte.

8. Ausblick: Das deutsche Geschichtsbewusstsein im 21. Jahrhundert

Sicherlich hat auch das Reichsbanner Schwarz-Rot-Gold nach seiner Gründung 1968 einen Beitrag dazu geleistet, dass sich das Geschichtsbewusstsein in Deutschland im Hinblick auf seine demokratische Freiheitstradition heutzutage offener gestaltet und zu diversifizieren begonnen hat. Nach der Jahrtausendwende dann war das Reichsbanner unter dem von 2004 bis 2010 amtierenden Bundesvorsitzenden Hans Bonkas in Seminaren, Workshops und Zeitzeugengesprächen mit jungen Heranwachsenden in der Bildungs- und historischen Vermittlungsarbeit ein wichtiger Akteur.[228] Nun steht der Verband wie so viele andere Bildungsinstitutionen vor dem Problem, dass aus demographischen Gründen die Einbindung von Zeitzeugen mit fortdauernder Zeit schwieriger und bald nicht mehr möglich sein wird. Die Frage, wie dieser Herausforderung begegnet werden soll, ist bisher von der bildungskonzeptionellen Seite des Verbandes nicht öffentlich beantwortet worden. Momentan entsteht jedoch der Eindruck, dass das ritualisierte Erinnern, und damit einhergehend die Traditionspflege und das museale Erinnern, in Kombination mit wissenschaftlichen Projekten, Kooperationen und Vermittlungskonzepten fortan den Schwerpunkt der Bildungsarbeit einnehmen wird. Die im Vorkapitel diagnostizierte Nischenfunktion gilt es zu überwinden, indem von Bildungsseite der Frage nachgegangen wird, wie Gesellschaften im 21. Jahrhundert praxisbezogen für das Prinzip der wehrhaften Demokratie sensibilisiert werden können. Es wird

---

[228] *Archiv der sozialen Demokratie (FES)*: 4/RSRG, Sign. 58 + 59, Hans Bonkas; vgl. https://www.ksta.de/ausstellung-starkes-plaedoyer-fuer-freiheit-12091908, abgerufen am 24.02.22.

künftig ein stärkerer Gegenwartsbezug in der Vermittlungsarbeit hergestellt werden müssen, welcher dem Appell *Zänkers* nachkommt und mit Rücksicht auf aktuelle Gesellschaftsrealitäten mehr auf die Verankerung und Verfestigung eines historischen Demokratiebewusstseins abzielt. Die lange eher vernachlässigte Vermittlung der demokratischen Freiheitstradition Deutschlands, auf die Gauck verwies, zu einer zentralen didaktischen Aufgabe zu machen, liegt in der Verantwortung des Reichsbanners als Bildungsinstitution im 21. Jahrhundert. Um sie mit Leben zu füllen muss sie aktuelle und künftige Streitpunkte und Debatten, die im Rahmen eines nunmehr stärker erhitzten Gesellschaftsdiskurses auftreten, mitdenken.

Gerade aufgrund seines überparteilichen Charakters bietet sich für das Reichsbanner dabei die Möglichkeit, die Chancen und potenziellen Betätigungsfelder einer Zusammenarbeit mit demokratischen Parteien auszuloten. Besonders in einer Zeit problematischer irreführender Demokratieverständnisse ist es geboten, Mitglieder demokratischer Parteien auf die Arbeit des Verbandes aufmerksam zu machen und sie für das Reichsbanner zu gewinnen. Auch die Bürgerinnen und Bürger, die sich parteipolitisch engagieren oder einer Partei nahestehen, die aber von der Existenz und Arbeit des Verbandes bisher nichts wissen, würden so ermuntert, sich mit seiner Historie und Bedeutung auseinanderzusetzen. Der Geschichte des Verbandes, seinem Wirken als Republikschutzverband einschließlich seiner unbestreitbaren Leistungen müsste ein Weg in die Öffentlichkeit und damit in das öffentliche Gedächtnis der Bürgerinnen und Bürger geebnet werden. Dies könnte auch in der Weise geschehen, dass das gesellschaftliche Interesses an bestimmten Persönlichkeiten der Weimarer Republik geweckt wird, in dessen Folge sich eine geschichtspolitische Debatte über ihr Wirken, ihre Leistungen und Fehleinschätzungen in Gang setzen ließe. Schon deshalb, weil unter Weimarer Politikern bekanntlich auch Reichsbannermitglieder waren, wäre ein solcher geschichts- und erinnerungskultureller Fortschritt vor allem auch im Interesse des Reichsbanners. Friedrich Ebert ist ein gelungenes Beispiel dafür, wie ein bedeutender Weimarer Politiker die gesellschaftliche Aufmerksamkeit heute auf sich zieht. *Walter Mühlhausen* legt dar, zu welch beliebten historischen Lernorten sich die Friedrich-Ebert-Gedenkstätte und das Geburtshaus Eberts in Heidelberg entwickelt haben.[229] Er belegt diese Entwicklung mit den stetig steigenden Besucherzahlen der letzten Jahre. Wie sehr sich dagegen das Reichsbanner noch nach der Jahrtausendwende an der geringen Würdigung verdienter Weimarer Politiker, die Mitglieder des Reichsbanners waren, stört, ist der Verbandzeitschrift aus dem Juli 2008 zu entnehmen. Hans Bonkas machte in der gleichen Ausgabe seiner Verärgerung über den stiefmütterlichen geschichtskulturellen Umgang mit Hermann Müller Luft. Dieser, so urteilt Bonkas zutreffender Weise, sei neben Gustav Stresemann der einzige Garant für die Stabilität der Großen Koalition von 1928 bis 1930 gewesen, die ein Jahr nach Stresemanns Tod 1929 nach zahlreichen Streitigkeiten zerbrach.[230] So ließe sich die

---

[229] *Mühlhausen, Walter*: Friedrich Ebert in der politischen Erinnerung und in der historischen Forschung, in: *Braune, Andreas/Dreyer, Michael*: Weimar als Herausforderung. Die Weimarer Republik und die Demokratie im 21.Jahrhundert, in: Weimarer Schriften zur Republik, Stuttgart 2016, S. 171.
[230] *Reichsbanner Schwarz-Rot-Gold. Forum aktiver Demokraten e.V.*: „Hermann Müller gestürzt - aber nicht von der eigenen Fraktion, sondern der Wikipedia", Berlin 2008, S. 1.

Liste wenig bekannter, gleichwohl bedeutender Reichsbanner-politiker fast beliebig erweitern. Bonkas sprach in seinem Beitrag ein grundlegendes, schon lange bestehendes Problem an, das sich auch heute nicht substanziell geändert hat: Die Unterrepräsentierung Weimarer Politiker in der deutschen Geschichts- und Erinnerungskultur. Daher sollte das heutige Reichsbanner verstärkt Partnerschaften wie die mit der Kurt Schumacher-Gesellschaft anstreben, in der die Rolle Schumachers innerhalb des Republikschutzverbandes erörtert und vermittelt wird. Ein solches, systematisches Vorgehen könnte ein zielführender Ansatz sein, um mehr politische Persönlichkeiten der Weimarer Republik in das geschichtskulturelle Gedächtnis der Nachfolgegenerationen zu bringen. Wie die GDW, die partnerschaftlich mit dem Reichsbanner zeitgenössische Reichsbannermitglieder im Widerstand gegen den NS porträtiert, könnte es auch andere Forschungsinstitutionen geben, die die Biographien von Reichsbannermitgliedern über die Zeit der Weimarer Republik hinaus näher beleuchten. Beispielhaft dafür wäre die Forschungsstelle Weimarer Republik in Jena, die enge Verbindungen zum Haus der Weimarer Republik pflegt. Sie kommt auch deshalb wie keine andere Institution infrage, weil sie in den vergangenen Jahren in führender Funktion Demokratisierungsprozesse in der Weimarer Republik erforscht hat. In ihrer Reihe „*Weimarer Schriften zur Republik*" werden Weimarer Persönlichkeiten aus der Politik und der Gesellschaft im Hinblick auf ihr Nachleben und ihren Stellenwert in der deutschen Erinnerungskultur porträtiert. Darüber hinaus werden forschungsspezifische Brücken geschlagen zu Kontinuitäten und Brüchen der politischen Kultur von der Weimarer über die Bonner bis hin zur Berliner Republik.

Abschließend ist festzuhalten, dass das deutsche Geschichtsbewusstsein im 21. Jahrhundert, bezogen auf Präsenz und Aktualität des Reichsbanners im kollektiven Gedächtnis unter den
gegebenen Möglichkeiten der Bildungsarbeit des heutigen
Verbandes durchaus einen substanziellen Fortschritt erreicht
hat. Dabei hat Verband erfolgversprechende didaktische Strukturen etabliert, die künftig aber noch ausgereifter und weitrei-
chender nutzbar gemacht werden können.

9.   Schlussbetrachtung

Das Reichsbanner Schwarz-Rot-Gold steht heute in der öffentlichen Wahrnehmung, was seine erinnerungskulturellen, historisch-politischen und didaktischen Engagements betrifft, noch
ein wenig im Abseits. Das liegt auch an der über längere Zeit
andauernden geringeren Beachtung und Wertschätzung der
Weimarer Republik mit seinen traditionsstiftenden, nationalrepublikanischen und demokratischen Inhalten. Im Vergleich zu
anderen Abschnitten der deutschen Geschichte hatte die Weimarer Republik eher mit einer stiefmütterlichen Behandlung
durch nachfolgende Generationen zu kämpfen. Der Makel ihrer Abschaffung durch die Nationalsozialisten hielt sich lange
in den Köpfen der Menschen, was sich heutzutage noch in
flüchtigen Assoziationen zeigt, wenn es um Populismus, eine
vergiftete Debattenkultur oder um Politikverdrossenheit geht.
Dieses negative Image konnte sie infolge eines Paradigmen-
wechsels in der Forschung in Form veränderter Forschungsansätze ablegen, was sich seit ein paar Jahren zunehmend auch in
der politisch-historischen Bildungsarbeit wiederspiegelt. Auch
die Bildungs- und Vermittlungsarbeit des 1968 neugegründeten Reichsbanners wird immer attraktiver für junge Menschen,

die, wie *Moritz Kilger* mit Blick auf die Europäische Jugend- und Begegnungsstätte Weimar und *Walter Mühlhausen* anhand des großen Interesses an Friedrich Ebert zeigen, mittlerweile mehr über die erste deutsche Republik wissen möchten. Das Reichsbanner Schwarz-Rot-Gold ist keine Institution, die wie andere auf monothematische Bildungsarbeit setzt. Sie unterscheidet sich damit von anderen Bildungsinstitutionen und möchte ein Bewusstsein vermitteln, das die in der Bundesrepublik Deutschland nach 1949 gewachsenen zentralen demokratischen Werte, wie Demokratie, Freiheit und Rechtstaatlichkeit, fest in der Gesellschaft verankert und verteidigt. Der Wert des Reichsbanners als Bildungsinstitution besteht aber auch darin, dass die Schaffung der demokratischen Grundlagen von 1949 mit denen von 1919 ins Verhältnis gesetzt und die Leistungen der Reichsverfassung und der Nationalversammlung in demokratiegeschichtlichem Kontext gewürdigt werden. Die Erfahrungen der Weimarer Republik, ohne die die gesellschaftlichen Lehren und damit die politische Stabilität Deutschlands nach 1949 so nicht denkbar wären, werden entsprechend didaktisch aufbereitet und gut genutzt. Auf diese Weise werden junge Menschen vielleicht zum ersten Mal mit zentralen Prinzipien, wie sie wehrhafte Demokratien auszeichnen, vertraut gemacht und erkennen wie verwundbar Demokratien, ohne gesellschaftlich-mentale Verankerung ihrer Werte sein können. Reichsbanner und Weimarer Republik sind daher im geschichtlichen Bewusstsein, etwa im Hinblick auf die Lehren aus ihrer politischen Kultur, eng verbunden. Dass sich dies künftig in der Erinnerungskultur und in der Geschichtspolitik wiederspiegelt, liegt nicht nur in der Verantwortung von Politik und Gesellschaft, sondern auch in der des Reichsbanners Schwarz-Rot-Gold selbst.

10. Abkürzungsverzeichnis

BVP	Bayerische Volkspartei
C.V.	Centralverein deutscher Staatsbürger jüdischen Glaubens
DDP	Deutsche Demokratische Partei
DNVP	Deutschnationale Volkspartei
DVP	Deutsche Volkspartei
FB	Republikanischer Führerbund
FES	Friedrich-Ebert-Stiftung
JAD	Jüdischer Abwehrdienst
JFB	Jüdischer Frontkämpferbund
KPD	Kommunistische Partei Deutschlands
MSPD	Mehrheitssozialdemokratische Partei Deutschlands
NSDAP	Nationalsozialistische Deutsche Arbeiterpartei
SA	Sturmabteilung
Schufo	Schutzformation
Schupo	Schutzpolizei
SPD	Sozialdemokratische Partei Deutschlands
Stafo	Stammformation
RB	Reichsbanner Schwarz-Rot-Gold
RFB	Rotfrontkämpferbund
RRB	Republikanischer Reichsbund
VVV	Vereinigung Vaterländischer Verbände

11. Quellenverzeichnis

1. **Archiv der sozialen Demokratie - Friedrich-Ebert-Stiftung (FES)**

4/RSRG, Bestand Reichsbanner:

Box/Sign. (Exponate) 1-36: Broschüre zur Reichsverfassungsfeier am 10.August 1924 in Weimar.

Box/Sign. (Exponate) 1-36: „Deutsche Republik": Republikanische Flugschriften „Der Aufbruch" von Reichskanzler a.D. Joseph Wirth (begründet von der Republikanischen Arbeitsgemeinschaft Haas, Löbe, Wirth) – Ausgabe vom 12. November 1926.

Box/Sign. (Exponate) 1-36: „Das wahre Gesicht des Nationalsozialismus. Theorie und Praxis der NSDAP", hrsg. vom Bundesvorstand des Reichsbanners Schwarz-Rot-Gold, Bund Deutscher Kriegsteilnehmer und Republikaner in Magdeburg

Box/Sign. (Exponate) 1-36: Der Jungba-Führer (Nr.4, Dez. 1932).

Box/Sign. (Exponate) 1-36: „Sturmlieder der jungen Republik", Broschüre des Reichsbanners Schwarz-Rot-Gold, Ortsverein Königsberg in Preußen

Box/Sign. 37-45: „Wahlaufruf an das deutsche Volk" (1924)

Box/Sign. 47: Illustrierte Reichsbanner-Zeitung, Magdeburg, 05.Mai 1928: „Deutschnationale Versprechen – und Taten!"

Box/Sign. 47: „Das Reichsbanner", Magdeburg, 22.November 1930: *„Ein Aufruf an die deutschen Studenten".*

Box/Sign. 47: Illustrierte Reichsbannerzeitung, Magdeburg, 6.September 1928: „Monarchismus und Nationalismus. Graf Westarp, der Führer." Von Joseph Wirth

Box/Sign. *47*, Illustrierte Reichsbanner-Zeitung, Magdeburg, 22.November 1930: Reichsbanner-Beobachter.

Box/Sign. *49*, Wegweiser 1929: Zur „*Frauenfrage*".

Box/Sign. *49:* Wegweiser 1929: Otto Hörsing, Ein Jahr Reichsbanner, Festschrift zur Bannerenthüllung der Ortsgruppe Rothenburg ob der Tauber am 4. und. 5. Juli 1925)

Box/Sign. *49:* Gelbes Heft der Reichsbannergauleitung Franken zur Verfassungsfeier in Nürnberg am 14. und 15. August 1926, Beitrag des MdR Hermann Müller („Reichsbanner und Staatserhaltung")

Box/Sign. *49:* Wegweiser 1929, Orientierungsplan für die Reichsbannerkameraden zur Bundesverfassungsfeier des Reichsbanners Schwarz-Rot-Gold am 10.und 11.August 1929 in Berlin.

Box/Sign. *52: Reichsbanner Schwarz-Rot-Gold. Forum aktiver Demokraten e.V.*: „Hermann Müller gestürzt – aber nicht von der eigenen Fraktion, sondern der Wikipedia", Berlin 2008

Box/Sign. *58 + 59:* Berichte Hans Bonkas.

2. Homepage des Reichsbanners Schwarz-Rot-Gold - Bund aktiver Demokraten e.V. und andere Internetquellen

Links:
https://www.reichsbanner.de/reichsbanner-heute/ausstellungen/schaudepot-berlin/, abgerufen am 10.02.22.
https://www.reichsbanner.de/reichsbanner-heute/ausstellungen/wanderausstellung-fuer-freiheit-und-repub lik/, abgerufen am 10.02.22.
https://www.reichsbanner.de/reichsbanner-heute/bildungsarbeit/seminar-angebote/, abgerufen am 13.02.2022.
https://reichsbanner.de/reichsbanner-heute/verein/vorstand/gauck/, abgerufen am 15.02.2022.

Die Weimarer Republik hätte gerettet werden können": *Sebastian Elsbach* im Gespräch mit dem SPIEGEL, https://www.spiegel.de/geschichte/reichsbanner-schwarz-rot-gold-die-weimarer-republik-haette-gerettet-werden-koennen-a-396e0a79-a016-4bdb-a113-3d974ad985d8?sara_e-cid=soci_upd_wbMbjhOSvViISjc8RPU89NcCvtlFcJ&fbclid=I-wAR2uFv4dBJWWe85prbRfMBa0o0wwATB9ZUb8xTe TdduVcAwv_lm6-lzBU9w, abgerufen am 07.02.2022.

„Debatte um den Generalstreik 1933", Hans-Böckler-Stiftung, von Michael Schneider, abgerufen am 28.12.2021.

3. Reichbanner & Zeitgenössische Zeitungen

Deutsche Zeitung: Nr. 172/1924 vom 30.07.

Illustrierte Reichsbanner-Zeitung, Magdeburg, 22.November 1930: Reichsbanner-Beobachter.

Reichsbanner-Zeitung: „Kriegsteilnehmer, Republikaner", Nr. 1, 15.04.1924; Nr. 35, 1929

RB-Prenzlauer Berg 1928: *„Zentrum und Reichsbanner"* von Johannes Fest (Mitglied des Berliner Gauvorstandes).

12. Literaturverzeichnis

Blom, Philipp: Die zerrissenen Jahre 1918-1938, München 2014.

Böhles, Marcel: Im Gleichschritt für die Republik. Das Reichsbanner Schwarz-Rot-Gold im Südwesten 1924 bis 1933, Essen 2016.

Büttner, Ursula: Weimar. Die überforderte Republik 1918-1933: Leistung und Versagen in Staat, Gesellschaft, Wirtschaft und Kultur, Stuttgart 2008.

Ders.: Ausgeforscht? Die Weimarer Republik als Gegenstand historischer Forschung, in: Aus Politik und Zeitgeschichte (18-20/2018).

Clark, Christopher: Preußen. Aufstieg und Niedergang 1600-1947, München 2008.

di Fabio, Udo: Die Weimarer Verfassung. Aufbruch und Scheitern, München 2018.

Dreyer, Michael: Was bleibt? Fragen an die Nachgeschichte einer Republik, in: **Ulbricht, Justus H.**: Weimar 1919 - Chancen einer Republik: Begleitband zur Ausstellung Weimar 1919 - Chancen einer Republik der Stadt Weimar, Köln/Weimar/Wien 2009.

Ders.: Weimar und die Bundesrepublik Deutschland, in: **Ders** . **/Braune, Andreas**: Weimar als Herausforderung. Die Weimarer Republik und die Demokratie im 21. Jahrhundert, Stuttgart 2016.

Eggersdorfer, Helene: Demokratiekritik in der Weimarer Republik. Eine Untersuchung auf der Grundlage Hans Kelsens Demokratieverständnis und seiner Schrift Verteidigung der Demokratie, in: **Elsbach, Sebastian/Noak, Ronny/Braune, Andreas**: Konsens und Konflikt. Demokratische Transformation in der Weimarer und Bonner Republik, Jena 2019.

Eichenberg, Julia/Newman, John Paul: Kämpfen für Frieden und Fürsorge. Polnische Veteranen des Ersten Weltkrieges und ihre internationalen Kontakte 1918-1939, Berlin/Boston 2015.

Elsbach, Sebastian: Das Reichsbanner Schwarz-Rot-Gold. Republikschutz und politische Gewalt in der Weimarer Republik, in: **Dreyer,**

Michael/Braune, Andreas (Hrsg.): Weimarer Schriften zur Republik, Bd.10, Stuttgart 2019.

Ders.: Ein Paladin der Freiheit: Der Reichsbannermann Hubertus Prinz zu Löwenstein (1906-1984), in: ***Böhles, Marcel/Elsbach, Sebastian/Braune, Andreas*** (Hrsg.): Demokratische Persönlichkeiten in der Weimarer Republik, Jena 2020.

Fraenkel, Ernst: Strukturanalyse der freiheitlich-rechtstaatlichen Demokratie, in: ***Rohlfes, Joachim/Körner, Hermann (Hrsg.)***: Historische Gegenwartskunde, Göttingen 1969.

Fritzsche, Peter: Did Weimar fail?, in: Journal of Modern History (68), Chicago 1996.

Führer, Daniel: Alltagssorgen und Gemeinschaftssehnsüchte. Tagebücher der Weimarer Republik (1913-1934), in: ***Dreyer, Michael/Braune/Andreas*** (Hrsg.): Weimarer Schriften zur Republik, Stuttgart 2020.

Gallus, Alexander: Die vergessene Revolution von 1918/19 - Erinnerung und Deutung im Wandel, in: ***Ders.*** (Hrsg.): Die vergessene Revolution von 1918/19, Göttingen 2010.

Ders.: Auf dem Weg zur Reaktualisierung durch Historisierung. Die vergessene Revolution 1918/19 revisited, in: ***Braune, Andreas/Dreyer, Michael***: Weimar als Herausforderung. Die Weimarer Republik und die Demokratie im 21.Jahrhundert, in: Weimarer Schriften zur Republik, Stuttgart 2016.

Gedenkstätte Deutscher Widerstand (Hrsg.): Für Freiheit und Republik! Das Reichsbanner Schwarz-Rot-Gold 1924 bis 1933, Begleitband zur Ausstellung der Gedenkstätte Deutscher Widerstand, Berlin 2018.

Gerwarth, Robert: Fighting the Red Beast: Counter – Revolutionary Violence in the Defeated States of Central Europe, in: War in peace: Paramilitary violence in Europe after the Great War, Oxford 2012.

Ders.: Die Besiegten. Das blutige Erbe des Ersten Weltkrieges, München 2018.

Graf, *Rüdiger*: Die Zukunft der Weimarer Republik. Krisen und Zukunftsaneignungen in Deutschland 1918-1933, München 2008.

Harms, *Antje*: Von linksradikal bis deutschnational. Jugendbewegung zwischen Kaiserreich und Weimarer Republik, Frankfurt am Main 2021.

Herbert, *Ulrich*: Wer waren die Nationalsozialisten, München 2021.

Holtfrerich, Carl Ludwig: Politische Kultur und ökonomische Probleme der Weimarer Republik aus heutiger Sicht, in: Weimar und die deutsche Verfassung. Geschichte und Aktualität von 1919, Stuttgart 1999.

Hufer, *Klaus-Peter*: Historische Entwicklungslinien der politischen Erwachsenenbildung, in: *Sander*, *Wolfgang/Steinbach*, *Peter*: Politische Bildung in Deutschland. Profile, Personen, Institutionen, Bundeszentrale für pol. Bildung, Bonn 2014.

Jasper, *Gotthard*: Der Schutz der Republik. Studien zur staatlichen Sicherung der Demokratie in der Weimarer Republik 1922-1930, Tübingen 1963.

Jeismann, *Karl-Ernst*: Didaktik der Geschichte. Die Wissenschaft von Zustand, Funktion und Veränderung geschichtlicher Vorstellungen im Selbstverständnis der Gegenwart, in: *Kosthorst, Erich* (Hg.): Geschichtswissenschaft. Didaktik – Forschung – Theorie, Göttingen 1977.

Kiene, *Claudius*: Eine zu demokratische Persönlichkeit? Karl Spiecker und der Zentrumsparteitag 1925, in: *Böhles*, *Marcel/ Elsbach*, *Sebastian/Braune*, *Andreas* (Hrsg.): Demokratische Persönlichkeiten in der Weimarer Republik, Jena 2020.

Kilger, *Moritz*: Weimar und die Demokratie für junge Bürger, in: *Braune*, *Andreas/Dreyer*, *Michael*: Weimar als Herausforderung. Die Weimarer Republik und die Demokratie im 21. Jahrhundert, in: Weimarer Schriften zur Republik, Stuttgart 2016.

Krause-Vilmar, Dietfrid: Albert Grzesinski und die Neuordnung der preußischen Polizei nach 1924, in: *Braune*, *Andreas/Dreyer*, *Michael/Elsbach*, *Sebastian*: Vom drohenden Bürgerkrieg zum demokratischen Gewaltmonopol (1924-1933), Stuttgart 2021.

Lau, Dirk: Wählkämpfe der Weimarer Republik: Propaganda und Programme der politischen Parteien bei den Wahlen zum Deutschen Reichstag von 1924 bis 1930, München 2008.

Leonhard, Jörn: Prekäre Selbstversicherung. Die Weimarer Republik als Metapher und geschichtspolitisches Argument, in: Aus Politik und Zeitgeschichte (18-20/2018).

Leßmann-Faust, Peter: Die preußische Schutzpolizei in der Weimarer Republik. Streifendienst und Straßenkampf, Düsseldorf 1989.

Llanque, Marcus: Massendemokratie zwischen Kaiserreich und westlicher Demokratie, in: **Gusy, Christoph:** Demokratisches Denken in der Weimarer Republik, Baden-Baden 2000.

Mai, Gunther: Die Weimarer Republik, München 2009.

Mambour, Gerrit: Politische Bildung im Konflikt. Von der Studentenbewegung zum Beutelsbacher Konsens, in: **Sander, Wolfgang/ Steinbach, Peter.:** Politische Bildung in Deutschland. Profile, Personen, Institutionen, Bundeszentrale für pol. Bildung, Bonn 2014.

Maubach, Franka: Weimar (nicht) vom Ende her denken. Ein skeptischer Ausblick auf das Gründungsjubiläum 2019, in: Aus Politik und Zeitgeschichte (18-20/2018).

Mintert, David Magnus: „*Sturmtrupp der Deutschen Republik*". Das Reichsbanner Schwarz-Rot-Gold in Wuppertal, Wuppertal 2002.

Möller, Horst: Die Weimarer Republik. Eine unvollendete Demokratie, München 2006.

Ders.: Die Weimarer Republik. Demokratie in der Krise, München 2018.

Mühlhausen, Walter: Friedrich Ebert in der politischen Erinnerung und in der historischen Forschung, in: **Braune, Andreas/ Dreyer, Michael:** Weimar als Herausforderung. Die Weimarer Republik und die Demokratie im 21.Jahrhundert, in: Weimarer Schriften zur Republik, Stuttgart 2016.

Müller, Jan Werner: Das demokratische Zeitalter: Eine politische Ideengeschichte Europas im 20.Jahrhundert, Berlin 2013.

Pandel, Hans-Jürgen (Hrsg.): Geschichtsdidaktik. Eine Theorie für die Praxis, Forum Historisches Lernen, Schwalbach im Taunus 2013.

Paucker, Arnold: Der jüdische Abwehrkampf gegen Antisemitismus und Nationalsozialismus in den letzten Jahren der Weimarer Republik, Hamburg 1969.

Platthaus, Andreas: 18/19. Der Krieg nach dem Krieg. Deutschland zwischen Revolution und Versailles, Berlin 2018.

Pyta, Wolfram: Gegen Hitler und für die Republik. Die Auseinandersetzung der deutschen Sozialdemokratie mit der NSDAP in der Weimarer Republik, Düsseldorf 1989.

Reichel, Peter: Politik mit der Erinnerung. Gedächtnisorte im Streit um die nationalsozialistische Vergangenheit, München 1995.

Ders.: Der tragische Kanzler. Hermann Müller und die SPD in der Weimarer Republik, München 2018.

Reulecke, Jürgen: Utopische Erwartungen an die Jugendbewegung 1900-1933, in: ***Hardtwig, Wolfgang*** (Hrsg.): Utopie und politische Herrschaft im Europa der Zwischenkriegszeit, München 2003.

Rohe, Karl: Reichsbanner Schwarz-Rot-Gold. Ein Beitrag zur Geschichte und Struktur politischer Kampfverbände in der Weimarer Republik, Düsseldorf 1966.

Rödder, Andreas: Weimar und die deutsche Verfassung. Eine Zeitreise durch die Geschichte, in: Weimar und die deutsche Verfassung. Geschichte und Aktualität von 1919, Stuttgart 1999.

Rüsen, Jörn: Geschichtskultur, in: ***Bergmann, Klaus (Hrsg.)***, Handbuch Methoden im Geschichtsunterricht, Schwalbach im Taunus 2016.

Schröder, Ulrich: Aus dem Innenleben eines republikanischen Wehrverbandes. Der Ortsverein Vegesack und Umgegend des Reichsbanners Schwarz-Rot-Gold 1924-1933, in: Bremisches Jahrbuch 92 (2013).

Schumann, Dirk: Politische Gewalt in der Weimarer Republik 1918-1933: Kampf um die Straße und Furcht vor dem Bürgerkrieg, in: Veröffentlichungen des Instituts für Soziale Bewegungen, Bd.17, Bielefeld 1998.

Ders.: Nachkriegsgesellschaft. Erbschaften des Ersten Weltkriegs in der Weimarer Republik, in: Aus Politik und Zeitgeschichte (18-20/2018).

Seefried, Elke: Verfassungspatriotismus und Gemeinschaftsideologie: „Vernunftrepublikanismus" in der deutschen Zentrumspartei, in: *Wirsching, Andreas* (Hrsg.): Vernunftrepublikanismus in der Weimarer Republik. Politik, Literatur und Wissenschaft, Stuttgart 2008.

Severing, Carl (Hrsg.): Mein Lebensweg: Im Auf und Ab der Republik, Köln 1950.

Sheehan, James J.: Kontinent der Gewalt. Europas langer Weg zum Frieden, München 2008.

Sontheimer, Kurt: Antidemokratisches Denken in der Weimarer Republik. Die politischen Ideen des deutschen Nationalismus zwischen 1918 und 1933, München 1994.

Steinbach, Peter: Historischen Grundlagen der politischen Bildung, in: *Sander, Wolfgang/Ders.*: Politische Bildung in Deutschland. Profile, Personen, Institutionen, Bundeszentrale für pol. Bildung, Bonn 2014.

Stolleis, Michael.: Weimarer Kultur und Bürgerrechte, in: Weimar und die deutsche Verfassung. Geschichte und Aktualität von 1919, Stuttgart 1999.

Tooze, Adam: Sintflut. Die Neuordnung der Welt 1916-1931, München 2015.

Toury, Jacob: Die Judenfrage in der Entstehungsphase des Reichsbanners Schwarz-Rot-Gold, in: *Heid, Ludger* (Hrsg.): Juden und deutsche Arbeiterbewegung bis 1933: soziale Utopien und religiöskulturelle Traditionen, Schriftenreihe wissenschaftlicher Abhandlungen des Leo-Baeck-Instituts (Bd. 89), Tübingen 1992.

Voigt, Carsten: Kampfbünde und Arbeiterbewegung. Das Reichsbanner Schwarz-Rot-Gold und der Rote Frontkämpferbund in Sachsen 1924-1933, Köln 2009.

Weber, Jürgen: Das Reichsbanner im Norden. Ein Bollwerk der Demokratie?, in: Demokratische Geschichte: Jahrbuch für Schleswig-Holstein, Bd. 20, Kiel 2009.

Winkler, Heinrich August: Der Schein der Normalität. Arbeiter und Arbeiterbewegung in der Weimarer Republik 1924-1930, Berlin/Bonn 1988.

Ders.: Weimar 1918-1933. Die Geschichte der ersten deutschen Demokratie, München 2018.

Wolfrum, Edgar: Erinnerungskultur und Geschichtspolitik als Forschungsfelder. Konzepte-Methoden-Themen, in: *Scheunemann, Jan*: Reformation und Bauernkrieg. Erinnerungskultur und Geschichtspolitik im geteilten Deutschland, Leipzig 2010.

Wyrwa, Ulrich: Strategien im europäisch-jüdischen Abwehrkampf. Das Engagement der Juden in Europa gegen den entstehenden Antisemitismus (1879-1914), Graz 2013.

Zänker, Stephan: Die Weimarer Republik: Deutschlands erste Demokratie – Eine multimediale Wanderausstellung, in: *Braune, Andreas/Dreyer, Michael*: Weimar als Herausforderung. Die Weimarer Republik und die Demokratie im 21. Jahrhundert, in: Weimarer Schriften zur Republik, Stuttgart 2016.

Ziemann, Benjamin: Die Zukunft der Republik? Das Reichsbanner Schwarz-Rot-Gold 1924-1933, Friedrich-Ebert-Stiftung, Bonn 2011.

Ders.: Veteranen der Republik. Kriegserinnerung und demokratische Politik 1918-1933, Bonn 2014.